教育部人文社科重点研究基地
南开大学世界近现代史研究中心资助

阿根廷早期民众主义研究

潘　芳◎著

天津出版传媒集团

天津人民出版社

图书在版编目（CIP）数据

阿根廷早期民众主义研究 / 潘芳著 . -- 天津 : 天
津人民出版社 , 2019.1
（南开大学世界近现代史研究丛书）
ISBN 978-7-201-14291-3

Ⅰ . ①阿⋯ Ⅱ . ①潘⋯ Ⅲ . ①阿根廷—现代史—研究
— 1916 — 1923 Ⅳ . ① K783.51

中国版本图书馆 CIP 数据核字 (2018) 第 276973 号

阿根廷早期民众主义研究
AGENTING ZAOQI MINZHONG ZHUYI YANJIU

出　　版　天津人民出版社
出 版 人　刘　庆
地　　址　天津市和平区西康路 35 号康岳大厦
邮政编码　300051
邮购电话　（022）23332469
网　　址　http://www.tjrmcbs.com
电子信箱　tjrmcbs@126.com

责任编辑　岳　勇
装帧设计　明轩文化 · 王　烨
　　　　　TEL:23674746

印　　刷　三河市华润印刷有限公司
经　　销　新华书店
开　　本　787 毫米 × 1092 毫米　1/16
印　　张　13.5
字　　数　180 千字
版次印次　2019 年 1 月第 1 版　2019 年 1 月第 1 次印刷
定　　价　58.00 元

目　录

绪　论

民众主义（populism）长期以来都是学术界一个充满争议的热点问题。1965 年，在伦敦召开的一次拉美学术会议上，阿根廷社会学家道尔瓜多·蒂·代亚 (Torcuato Di Tella) 提出，民众主义是得到了城市劳工以及反对现状的其他集团支持的一种政治运动，但是其领导者并非来自工人。[①] 道尔瓜多·蒂·代亚将民众主义这一概念带入了拉美研究，激发了国内外学者对拉美民众主义的探究。民众主义成为拉丁美洲研究中一个非常重要的概念，国内外的研究者从不同角度对其进行着研究。

一、国外学术界对民众主义的研究

民众主义一词最早并没有被运用于拉美研究中，但是当民众主义这一概念被引入拉美研究开始，拉丁美洲就成为民众主义研究最为重要的阵地。因此，国际学术界对民众主义的研究很多都是以拉美的民众主义为案例。

在国外学术界，研究民众主义的学者人数比较多而且来自不同的学科领域，因此从多角度展开对民众主义的研究，研究成果也较为丰富。更为重要的是，根据研究角度的不同，国外学术界对民众主义的研究已经逐渐形成不同的流派，建立起各具特色的民众主义研究体系。

（一）对民众主义概念的研究

研究拉美民众主义的首要前提是要厘清民众主义概念。在此方面，

---

① Torcuato Di Tella Populism and reform in Latin America. edited by Claudio Veliz. *Obstacles to change in Latin America*. London：Oxford University Press，1965，pp.47–74.

国外学术界的研究可以称得上是百花齐放、百家争鸣。

1. 从经济学的角度来理解民众主义

20 世纪 70 年代后对于民众主义这一概念的界定显然受到了当时流行的现代化理论和依附理论的影响。无论现代化理论还是依附理论，在研究的思路上，都假定政治与社会经济因素之间有着密切的关系。也就是说，政治是由社会和经济进程所决定的，社会经济结构和过程限制了政治的相对自主性。

现代化理论和依附论大致都是从经济的角度来界定民众主义。现代化理论认为，城市化、工业化和教育的迅速发展引发了大众参与的爆炸性扩大，破坏了传统的政治权威，阻止了新的制度化体制的逐渐建立，并因此导致了不稳定的统治类型的产生，其中就包括民众主义。从现代化理论的角度对民众主义研究是以荷兰学者尼耶克尔克为代表。沿着相同的思路，依附理论认为，外围国家融入资本主义世界体系以及由此导致的经济和社会混乱，阻止了能够建立稳定统治的上层阶级的出现，加上大众阶层的异质性和分裂性，这一"政治真空"导致了充满紧张关系的、暂时的阶级联盟的形成，这一联盟的维系依赖于一位个人魅力型的领袖，这就导致了民众主义的出现。

以依附论为视角研究拉美民众主义的学者比较多。依附论学者一般认为，民众主义是拉美在 20 世纪 30 年代经济大危机后经济发展从初级产品出口模式向进口替代工业化模式的转变过程中出现的政治运动和政策计划。在进口替代过程中，工业精英的兴起和劳工运动的高涨使得一个新的、支持工业化的、将企业主和工人的利益融合为一体的联盟成为可能，在一些情况下，这一联盟直接向农业和土地所有者提出了挑战。例如奥唐奈（O'Donell）指出进口替代的早期阶段为民众主义的兴起提供了基础。奥唐奈主要是针对以巴西的瓦加斯、阿根廷的庇隆、墨西哥的卡德纳斯政府这样典型的民众主义。德里克（Drake）在强调民众主义应该具备的三个要素是"政治动员、反复出现的口号和象征以鼓舞民众"。"不同阶级的联合""意味着一系列旨在促进经济发展而又不导致阶级冲突爆发的改革政策","通常是扩大国家在经济中的作用，通过改善收入分配的措施将工人纳入工业化发展的进程"。①

除了依附论学者外，西方自由主义经济学也是从经济角度来研究拉美民众主义，其代表是由鲁迪格·多恩布茨（Rudiger Dornbusch）和塞巴斯蒂安·埃德华兹（Sebastian EdwArds）主编《拉美民众主义的宏观经济学》②。本书将拉美民众主义界定为一种经济政策。罗伯特·考夫曼（RobertR .Kaufman）和芭芭拉·斯塔林斯（BarbaraStallings）认为，民众主义是为了实现特定的政治目标而采取的一系列的经济政策。

尽管以现代化理论、依附论和西方自由主义经济学为视角对民众主义界定都是以经济为基点，但是相对于依附论、西方自由主义经济学来说，现代化理论对民众主义的界定要更宽泛一些，所以也有学者将以现代化理论为视角对民众主义的研究视作多维度研究，而并不将其纳入以经济学为视角的单维度研究流派中。

无论是现代化理论还是依附论、西方自由主义经济学等角度，主要都是对 20 世纪 30—60 年代拉美出现的典型民众主义为例证进行研究。然而在经过 60—70 年代军人政府掌权后，在 80—90 年代，民众主义又一次重新崛起，登上拉美政治舞台。这一波民众主义的出现对于之前从经济学角度对民众主义概念的界定提出了极大挑战。首先，民众主义并没有与特定的社会经济阶段如进口替代工业化阶段绑定。其次，民众主义的主要支持者也并非完全来自蓝领工人。最后，新民众主义所实行的经济政策也并非经典民众主义时期广泛实行的赤字政策，而是推行了削减政府开支，解雇

---

① P.Drake, Conclusion.Requiem for Populism? In Michael L. Conniff. *Latin American Populism in Comparative Perspective*, University of New Mexico Press,1982,p.218.

② Rudiger Dombusch, Sebastian Edwards. The *Macroeconomics of Populism in Latin America*. The University of Chicago Press,1982.

国家雇员，对公共企业实行私有化，提高税收，消除保护主义等措施。总之传统的有关民众主义概念的界定无法解释 80—90 年代出现的拉美新一波民众主义。在这样的背景下，学术界开始对民众主义概念进行重新界定，从政治学角度对民众主义的界定进入学者的视野。

2. 从政治学的角度界定民众主义

从政治学角度对民众主义进行界定的学者中，库尔特·韦兰德（Kurt Weyland）的观点得到广泛关注。库尔特·韦兰德将民众主义看作一种政治策略。其基本观点是民众主义是个人化的领导人通过非制度化的直接方式来动员大量处于社会基层的追随者，以此来获得国家权力以及稳定政权的一种政治策略；该领导人还要向追随者，承诺获取精神和物质上的帮助；追随者则通过支持领导人获取回报。根据库尔特·韦兰德的阐述，作为政治策略的民众主义主要有四个要点。第一，民众主义的目标是取得和行使政治权力，是一种以政治权力为目标的策略。第二，民众主义存在的基础就是大量无组织民众对民众主义领袖的支持。第三，民众主义不是通过集体领导，而是独立的个体即个人化的领袖进行组织。这位领导人是最关键、最重要的领袖。这位领袖大多呈现为克里斯马式，以一种"救世主"的姿态出现。因此，领导者个人能力的强与弱对于民众主义的运作起到至关重要的作用。第四，这样的领袖与大众支持者之间的关系是直接的、无中介的、非制度化的，即使加入一些政党制度的成分，这些因素也是很微弱的，制度化水平也是很低的。①

库尔特·韦兰德对民众主义的重新界定，打破了原有界定中将民众主义的出现与特定的经济、社会发展阶段和经济政策相绑定的框架。这样的界定对于拉美历史上的各个时期的民众主义都可适应，具有很强的实用性和灵活性。因此，库尔特·韦兰德的定义受到国际学术界的广泛关

---

① Kurt Weyland. Clarifying a contested concept–populism in the study of latin American politics. *Comparative Politics*, Vol.34, No.1, 2001.

注。与此同时，有学者注意到库尔特·韦兰德的定义又存在明显的欠缺。例如，第一，这种定义忽视了社会因素的作用，将民众主义凌驾于具体社会环境之上。第二，将民众主义界定为政治策略更关注于民众主义的政治层面，对经济、文化等方面缺乏应有的关注。第三，按照库尔特·韦兰德的界定，作为政治策略的民众主义只是一时之事，具有很强的即时性。这就无法解释拉美多国经历的几代民众主义政权的现象。相对于传统观点，库尔特·韦兰德的界定更具可操作性，但也不乏有一些不可回避的弱点。

此外，还有学者提出将民众主义的研究范畴由民众主义本身转向"其所赖以实现的手段上"[1]。这部分学者也是从政治学的角度来研究民众主义，认为民众主义的核心特征是一种政治动员工具，因此"将民众主义视为一种政治手段可以有效避免其在概念上的模糊和分歧"[2]。"民众主义不应再被仅仅限定为一种运动或者政权类型，而应该被理解成一种寻求政治支持的灵活方式。"[3] 提出将民众主义视为"政治动员"的是罗伯特·S.杰森（Robert S. Jansen）于2011年在《社会学理论》第2期上发表《民众动员——一种研究民众主义的新方法》[4] 一文。在文中，作者指出"需要将民众主义作为一种政治实践模式来研究，将其视为政治家及其支持者采取的一系列特别行动，而非将其作为一种运动、政党、制度或者意识形态"。这种定义的用意是"抓住从抽象的概念到具体的实践这一重大转变"。"民众动员工程可以被看作任何一项持续的、大规模的政治工程，它通常被边缘化的社会群体动员起来进入公众视野以及抗争性政治行动

① Robert S. Jansen, Populist Mobilization: A New Theoretical Approach to Populism. *Sociological Theory*, Vol. 29, No. 2, June, 2011.

② Robert S. Jansen, Populist Mobilization: A New Theoretical Approach to Populism. *Sociological Theory*, Vol. 29, No. 2, June, 2011.

③ Robert S. Jansen, Populist Mobilization: A New Theoretical Approach to Populism. *Sociological Theory*, Vol. 29, No. 2, June, 2011.

④ Robert S. Jansen, Populist Mobilization: A New Theoretical Approach to Populism. *Sociological Theory*, Vol. 29, No. 2, June, 2011.

中，同时宣扬一种反精英和民族主义的论调"。在这个意义上，民众主义是一个复合概念，需要在两个维度上进行阐述：动员性和煽动性。"民众动员仅仅指的是这二者共存并相互促进的政治行动"。

作者还指出将民众主义视为民众动员来研究的优势有三点：第一，这种界定要求将所涉及的人和组织具体化。这样可以避免将民众主义与之前的一些社会现象联系在一起。第二，将民众动员视为一项工程，强调了民众政治在空间上的局限性。民众动员经常受空间条件的限制，只针对特定的地理区域。第三，将民众动员作为一项工程强调了其时间限度和多变性。民众动员发生于特定的历史时刻，持续时间也是有限，并且随时间变化其特性和强度也会有变化。[1]

罗伯特·S. 杰森对民众主义的界定，既避免了传统定义的阶段性，又将民众主义从仅关注政治制度层面解脱了出来，为进一步认识民众主义打开了一个新的角度。这种观点也受到了学术界的广泛关注。

3. 传播学角度对民众主义的研究

20 世纪七八十年代在拉美民众主义处于低潮时期，一些学者从民众主义的支持者即大众的角度来考察民众主义，即从大众对民众主义话语的认识和理解的角度来分析民众主义。[2]与经济学、政治学的研究相比，此类研究显得略有不足。

目前国际上对民众主义研究大致可以分为多维度研究和单维度研究。对此库尔特·韦兰德在 1999 年《比较政治》第 4 期发表的《拉丁美洲和东欧的新自由派民众主义》[3]一文中对目前民众主义研究的视角

---

[1] Robert S. Jansen. Populist Mobilization: A New Theoretical Approach to Populism. Sociolagical Theory, Vol.29, No.2, June, 2011.

[2] Alexander, Robert J. Aprismo. The Ideas and Doctrines of Víctor Raúl Haya, Kent State University Press. 2001. Kirk A. Is Chavez Populist? Measuring Populist Discourse in Comparative Perspective. *Comparative Political Studies*, Vol.42, 2009.

[3] Kurt Weyland. Neoliberal Populism in Latin America and Eastern Europe Comparative Politics. *Comparative Politics* , Vol.31, No.4, 1999.

进行了梳理。在文中库尔特·韦兰德将现有对民众主义的界定划分为两大类。一类是从多维度的视角来定义民众主义，主要是从政治、经济、社会和文化的特点来定义民众主义。从多维度界定民众主义都是将民众主义政治与一定的社会经济结构尤其是与社会动员和深层次的文化价值观念相联系，或者将民众主义视作这些因素的综合作用。另一类就是单维度界定民众主义。韦兰德本人是支持单维度定义。在单维度界定中主要是从经济角度或者政治角度来界定民众主义。从经济角度界定民众主义强调扩张性的经济政策和经济规划。从政治角度来定义，将民众主义政治与社会经济结构和经济政策之间的关系交给非理论研究的，具有明显的优势。作者提出将民众主义定义为政治策略。

总体上来说，国外学术界对民众主义的研究主要是从经济、政治等角度展开。无论何种视角都有相当一部分研究者在努力完善本领域的理论框架，深化本领域对民众主义的研究。

在对民众主义概念研究的基础上，还有学者在致力于对拉美民众主义的分类进行研究

（二）对拉美民众主义类别的研究

在对民众主义概念研究的基础上，还有一些学者对拉美民众主义进行分了类研究。例如罗伯特·H.迪克斯《民众主义：权威性和民主性》[1]一文中将拉美民众主义划分为威权民众主义和民主民众主义。在此基础上，作者从民众主义的领导者、民众主义的支持基础、民众主义的思想和政策、民众主义的组织和领导风格四个方面对两类民众主义进行研究。卡洛斯·德拉托雷的《拉丁美洲的民众主义：民主化还是威权主义》[2]以拉美三次民众主义浪潮即20世纪40—70年代的古典民众主义、90年

---

[1] Robert H. Dix. Populism: Authoritarian and Democratic. Latin *American Research Review*, Vol. 20, No. 2 1985.

[2] 〔美〕卡洛斯·德拉托雷：《拉丁美洲的民众主义：民主化还是威权主义》，《拉丁美洲研究》，2014年第2期。

代的新民众主义、以乌戈·查韦斯、埃沃·莫拉莱斯、拉斐尔·科雷亚为代表的左翼民众主义为案例对拉美民众主义的民主性和威权性进行了分析后，作者指出："本文不认为民众主义从本质上对民主构成危险，但也不认为民众主义能够拯救民主。""民众主义既代表着民主参与和平等的重建，也存在拒绝社会多元化的可能性。但如果没有社会的多元化，民主理想模式就会退化为专制和全民公决形式，领导者就会成为民众意愿的唯一代表。虽然民众主义鼓励被排斥和被漠视群众的参与性，但如果将民主理解为民众的同类意愿或者领导者与国家的同一，就会否认多元主义和法治国家的运行机制。"作者最后指出，"民众主义是一种政治参与方式，它兼具民主和独裁专制的特征。"

2014 年第 11 期《国外理论动态》刊登了库尔特·韦兰德著，盈谷编译的一篇文章《拉美的威权主义趋向》，该文认为拉美民众主义最终都会走向威权主义。"民众主义，无论是左翼民众主义还是右翼民众主义，都是对民主的一种威胁。"①

对拉美民众主义的划分大部分学者是根据它与民主的关系，将其划分为民主型民众主义和威权型民众主义，或者将拉美民众主义区分为左翼民众主义和右翼民众主义。无论采取何种称呼，学术界对拉美民众主义的划分的主要依据是与民主的关系。

（三）对拉美民众主义的国别研究

目前在学术界对拉美民众主义研究最多的是国别研究。拉美从 20世纪 40 年代经典民众主义兴起后，民众主义一直没有离开拉美大陆，拉美为民众主义研究提供了丰富的个案资料。因此，对拉丁美洲民众主义的研究时，学者大多集中于国别研究。在国别研究中，阿根廷的民众主义至今一直以来都是学者关注的焦点：从庇隆时期的经典民众主义到

---

① 〔美〕库尔特·韦兰德：《拉美的威权主义趋向》，盈谷译，《国外理论动态》，2014 年第 11 期。

新自由主义改革时期梅内姆的新民众主义。除此之外，墨西哥的拉萨罗·卡德纳斯、巴西的热图利奥·瓦加斯、秘鲁的阿普拉党及藤森的智利社会党等。当然对于拉美其他国家例如厄瓜多尔、玻利维亚、委内瑞拉等国的民众主义学者们都所有关注。从国别上对拉美民众主义研究的成果可以称得上汗牛充栋。

二、国内学术界对民众主义的研究

与国外学术界对民众主义的研究相比，国内学术界对民众主义的研究状况不够理想。

在国内学术界对"民众主义"称谓的认识至今依然是模糊和富有争议的。"populism"在《牛津高级英汉双解词典》中解释为"type of politics that claims to represent the interests of ordinary people"，中文解释是"平民主义""平民论"。国内学术界对于这一单词有着不同的翻译。研究 19 世纪俄国社会问题的学者们基本都将"populism"翻译为"民粹主义"。这种翻译也因此得到传播和推广，所以在国内学术界大多数研究领域的学者都在使用"民粹主义"这一称呼。但是在拉丁美洲研究中，对"poplism"或者西班牙语"populismo"的翻译一直存在争议。有些学者沿用传统用法将其统一称为"民粹主义"。但是也有学者认为拉丁美洲的"populism"与 19 世纪俄国的"populism"从本质上是不同的，不能使用"民粹主义"来指称拉丁美洲历史上"populism"。这部分学者放弃使用"民粹主义"，而使用了"民众主义"的称呼。因此到目前为止，在拉丁美洲研究中，"民粹主义"和"民众主义"都在使用，争论也时常出现。

那么拉丁美洲的"populism"与"民粹主义"的关系是什么呢？"民众主义"这一独特的称呼是怎么出现在拉美研究中？拉丁美洲的"populism"从本质上是"民粹主义"还是"民众主义"？这些问题的答案是我们厘清拉丁美洲研究中"populism"到底是"民粹主义"还是"民众主义"的根本。

首先我们要搞清楚什么是"民粹主义",拉丁美洲的"populism"与"民粹主义"的关系是什么。

"民粹主义"源于对俄国社会问题的研究。在俄国,民粹主义是沙皇专制、农奴制度走向危机以及资本主义发展薄弱的产物。在俄国革命运动中出现过一个小资产阶级派别即"民粹派"。这一派别自称为"人民之友",提出"到民间去"的口号,主张发动农民反对沙皇专制制度和地主统治。用列宁的话来说,民粹派的基本理论观点概括起来就是"相信俄国生活的特殊方式,相信俄国生活的村社制度,由此相信农民社会主义革命的可能性"①。俄国民粹主义在实质上是"一种小资产阶级的农民社会主义"②,具有以下四个特点。第一,信仰人民、崇尚人民。民粹派所指的人民多数是指"农民和社会上的劳动阶级"。第二,民粹思想经常对文化报以轻蔑甚至敌视的态度。民粹派鄙视传统的大学。"因为大学同外界隔绝、脱离人民生活而对它加以批判","主张把大学教育思想灌输到民间去"。第三,民粹派将充满宗法家长制传统的农村公社理想化,认为"无论是农村公社还是城市公社都渗透着社会主义精神"。第四,对资产阶级厌恶、对资本主义恐惧,主张越过资本主义道路,"直接过渡"到社会主义。③

列宁指出民粹主义是反资本主义立场,是小生产者的"空想社会主义"④。俄国著名思想史家尼·别尔嘉耶夫说"民粹主义是俄罗斯的特殊现象","民粹主义的思想只能存在于农民、农业国家中"。⑤

---

① 国际共运史研究室编译:《俄国民粹派文选》,人民出版社,1983年,前言第2页。
② 马龙闪:《俄国民粹主义产生的历史条件和它的主要特征》,《俄罗斯研究》,2002年第2期。
③ 马龙闪:《俄国民粹主义产生的历史条件和它的主要特征》,《俄罗斯研究》,2002年第2期。
④ 《列宁全集》(第2卷),人民出版社,1984年,第102页。
⑤ 〔俄罗斯〕尼·别尔嘉耶夫:《俄罗斯思想的宗教阐释》,邱云华、吴学金译,东方出版社,1998年。第58页。

可以看出民粹主义是在一个资本主义发展薄弱的、落后的农业国家出现的一种特殊现象，是企图跨过资本主义而直接进入社会主义的一种社会思潮。因此民粹主义作为一种社会运动或者一种社会思潮具有很强的社会时代特征。

拉美的"populism"与俄国民粹主义有很大不同。秘鲁学者阿尼瓦尔·基哈诺在指出拉丁美洲的"populism""和俄国革命某个阶段中也用同一名称的那个运动几乎没有关系"[①]。那么拉丁美洲的"populism"是什么呢？鉴于国际学术界对拉美"populism"的研究分析，无论从何种角度来研究拉丁美洲的"populism"，都不可否认拉美的"populism""是得到了城市劳工以及反对现状的其他集团支持的一种政治运动，但是其领导者并非来自工人"，而是来自社会上层中被边缘化的一部分人；"对内强调阶级合作，主张实行某些改革个改良措施"，对外在不同程度上都具有民族主义色彩。但是在经济发展道路上，拉美的"populism"不否认资本主义发展模式，只在经济发展的具体措施上做出调整，因此总体来说是拉美资本主义发展过程中出现的一种社会现象。拉美的"populism"是在资本主义经济发展模式的基本范畴中出现的一种经济和政治理论。因此可以看出拉美的这种运动从时代背景、组织形式、运动目的等方面都是与民粹主义有着本质的区别。因此简单地将其翻译为民粹主义是不可取的。

"民众主义"这一称呼又是如何进入拉美研究的？对于这一问题肖枫在《拉丁美洲的民众主义与阿亚·德拉托雷》[②]一文进行了阐释："'民众和主义'（El Populismo）一词，过去曾译作'人民党主义'，因为它的主要理论原则是秘鲁人民党最先提出来的。然而现在'民众主义'一

---

① 〔秘鲁〕阿尼瓦尔·基哈诺：《秘鲁的民族主义和资本主义——兼对新帝国主义的研究》，上海人民出版社，1972年，（序言）第5页。

② 肖枫：《拉丁美洲的民众主义与阿亚·德拉托雷》，《拉丁美洲丛刊》，1982年第3期。

词已泛指一种拉美大陆的思潮和运动，因此，'人民党主义'的译法似不合时宜"。"将拉美的这个运动称为'民众主义'较为合适。"肖枫在对阿亚主义分析的基础上提出拉美民众主义的特点。第一，"拉美民主主义党虽以'多阶级'的构成著称，但它基本反映了民族资产阶级的利益和要求"。第二，"拉美民众主义政党是作为共产党的对立面出现的，它们'公开反对马克思主义''反对共产主义'"。第三，"拉美民众主义政党在组织上一般有'领袖至上'的特点"。第四，"拉美民众主义政党具有较大的影响，同它们利用政权实行土改或其他改良主义措施分不开"。肖枫对拉美民众主义的认识更多的是以阿亚主义为基础。

基于对拉美"populism"的分析及其翻译的历史沿革的梳理。本书采取"民众主义"来指称拉丁美洲的"populism".

以上有关俄国民粹主义以及拉美民众主义的梳理希望能对目前就拉美研究领域中有关使用"民粹主义"还是"民众主义"的争论有所裨益。

在对民众主义的研究中，一些学者又将民众主义划分为民主民众主义和威权民众主义，甚至有些学者直接将民众主义等同于威权主义。目前国内学术界对"populism"的称谓并不统一，称为民众主义、民粹主义、平民主义、威权主义等。出现这种现象在一定程度上可以看出国内学术界对民众主义的研究还是处于一种输入性阶段，对民众主义概念的理解还不是很清晰，对民众主义的认识也不够深入。

国内学术界对民众主义的研究大致可以分为两大部分：一部分是对民众主义本身进行研究，另一部分是对不同地区出现的民众主义现象进行研究。

（二）在对民众主义本身进行研究

俞可平发表的《现代化进程中的民粹主义》[1]对民粹主义进行了详细

----

① 俞可平：《现代化进程中的民粹主义》，《战略与管理》，1997年第1期。

阐述。在此文中俞可平介绍了学术界对民粹主义概念研究的分歧："民粹主义概念的模糊性，最主要的原因是民粹主义作为一种税思潮和社会运动所具有的内容的丰富多彩性。民粹主义既是一种政治思潮，又是一种社会运动，还是一种政治策略。这样一种复杂的社会现象，当人们从不同的视角看待它时，便会得出极不同的结论。"同时此文还指出民粹主义的模糊性和歧义性除了体现在其定义上，还体现在其作用上。"从重视人民群众的历史作用方面来看，它具有积极的意义。""它常常通过大众的普遍动员而对全体群众实施高度集中的操纵和控制。因而，从社会发展和平民大众的长远利益看，它又有着消极意义。"作者从民粹主义与民主政治、民粹主义与权威主义、民粹主义与民族主义、民粹主义与经济发展、民粹主义与生态环境、民粹主义与后现代等方面对民粹主义做了考察，得出结论："民粹主义是一种周期性的复发现象，它常常在新的社会历史条件下雨新的社会问题相结合，而后以新的面目出现于世"。"民粹主义产生的基本原因是种种国内社会矛盾的激化，包括国内的阶级矛盾、地区间的矛盾、贫富两极的分化、各利益集团之间的剧烈冲突，以及平民与政府的尖锐对立等"。

林红所著《民粹主义——概念、理论与实证》[①]一书是此类研究的代表。在此书中，作者从民粹主义的概念梳理、民粹主义的理论解读和民粹主义的实证分析三个方面进行阐释。本书最大的特点是从"人民""民众"等基本概念出发，对民粹主义概念进行了详细的梳理与分析，回答了民众主义从何而来的问题。林红在书中指出："民粹主义有两种解释体系，分别来自两种实践背景。一种来源于美国的人民党运动。根据欧美学者的解释，民粹主义（populism）与人民党主义、民众主义甚至平民主义在概念内涵上是一致，也就是说，民粹主义在西方学者的视界

---

① 林红：《民粹主义——概念、理论与实证》，中央编译出版社，2007 年。

里，最初来源于 19 世纪 90 年代美国的人民党（people'party）运动的理论和实践，其词根是英语的 people，这决定了绝大部分欧美学者认同的民粹主义的基本要素和本质特征。另一种解释来源于俄国民粹派的实践。我国学者主要使用俄国民粹主义的概念框架。事实上，民粹主义闻名于世与其在俄国背景中的实践密切相关。民粹主义在俄语中的词根是 narod，也是人民的意思，与英语中的 people、德语中的 volk 指代的内容是相同的，但它在思想主张和政治实践中表现出与众不同的俄国特色。俄国民粹主义产生于 19 世纪 60 年代，作为一种政治运动的象征，强调这场运动的普及型和民主根基。正是在俄国的'到人民中去'的运动之后，民粹主义（narodnichestvo）及民粹派的术语才被广泛运用。俄国背景下的民粹主义是一种典型的精英分子运动，在思想主张上特别强调俄国存在绕过资本主义到达社会主义的可能性，因此一些学者认为俄国式民粹主义与其他地方发生的民粹主义相比显得格格不入。"①

"托库尔多·迪·特拉（torcuato di tella）对民粹主义研究非常有影响。20 世纪 50 年代正好是拉美庇隆主义兴盛时期，迪·特拉试图在欧美之外寻找另外一种民粹主义。基于对拉美民粹主义的分析，他得出这样的定义：民粹主义是'基于动员起来但还未成为独立组织的平民群体的政治运动，这些民众由扎根于社会中层和上层的精英领导，在领导者和被领导者之间由具有超凡魅力和个人化的领导连接在一起'。他的定义可能更适合拉美背景下的民粹主义。20 世纪 60 年代后，民粹主义成为政治学研究的重点问题之一，尤其是当人们将目光投到拉美地区时。"②

在目前国内学术界，林红对民众主义本身概念的细化和梳理对民众主义进行了整体性研究，为深化个案研究奠定了基础。

（二）国内大多数研究都是对个案、对不同地区的民众主义现象进

---

① 林红：《民粹主义——概念、理论与实证》，中央编译出版社，2007 年，第 4 页。
② 林红：《民粹主义——概念、理论与实证》，中央编译出版社，2007 年，第 8 页。

行研究

1. 在此类研究中对拉美民众主义的研究是重头戏。在国内已有相当的专家、学者长期在关注拉美民众主义的发展和变化，都出版了相关的著作和论文。其中苏振兴的研究是典型代表

苏振兴在对二战后拉美国家政治进程进行研究中，对民众主义进行了精辟的阐释。苏振兴在此所指出的民众主义主要包括秘鲁的"人民党主义"、巴西的"瓦加斯主义"、墨西哥的"卡德纳斯主义"、阿根廷的"庇隆主义"、厄瓜多尔的"贝拉斯科主义"。由此可以看出，苏振兴在此对拉美民众主义的研究主要是基于对拉美经典民众主义的分析。

首先，苏振兴认为拉美的民众主义是一个历史的产物。"民众主义是在现代社会阶级形成的过程中，在代表特定阶级利益的现代政党尚未作为一种成熟的政治角色出现的情况下产生的，是一种传统社会向现代社会的过渡期中的产物"[1]。苏振兴同时指出："一般认为，民众主义作为一种思潮和社会运动的出现适应了 20 世纪 30—60 年代拉美国家工业化的第一阶段的需要。"[2] 作为一种历史现象，拉美民众主义"在五六十年代，随着资本主义生产关系的发展，拉美国家现代社会阶级之间的界限日益明朗，对立的社会阶级之间的界限日益明朗，对立的社会阶级之间的斗争日益尖锐，政党作为特定阶级利益的代表这个根本特点也更加突出。这些原来具有强烈民众主义色彩的政党实际上逐渐演变成代表资产阶级利益，维护资本主义的政党"[3]。在民众主义走向衰落时，社会民主党兴起。社会民主党提出意识形态多元化，实行多党制议会民主，多元化混合经济、"工人参政""国家福利"等主张。"在 50 和 60 年代之交，拉美的民众主义逐步失势的情况下，欧洲社会民主党的上

---

① 苏振兴：《战后拉美国家的政治进程》，《苏振兴文集》，上海辞书出版社，2005 年，第 96 页。
② 苏振兴：《战后拉美国家的政治进程》，《苏振兴文集》，上海辞书出版社，2005 年，第 94 页。
③ 苏振兴：《战后拉美国家的政治进程》，《苏振兴文集》，上海辞书出版社，2005 年，第 99 页。

述主张以及在当代资本主义社会中所扮演的角色，很适合拉美民众主义政治上转归的需要。"①

其次，苏振兴认为"拉美民众主义既没有某种共同的理论作为先导，也不曾有过国际性组织"，"它们的表现形式不完全一样"。②尽管如此，既然将这些主义都归入民众主义，也就意味着它们彼此之间还是存在某种一致性。对此苏振兴指出："这些冠以不同称谓的民众主义，在其产生的社会历史背景、政治主张、从政风格、对有关国家产生的影响等方面，有不少共同点和相似之处。"③

最后，在对民众主义的社会影响进行分析时，苏振兴一方面指出："民众主义政府尽管在政治形式上有其局限性，但却创造和发展了某些参与机制，如通过参加工会的渠道，或采取倾斜性的经济措施等，将民众阶层纳入了政治生活。"④民众主义对社会发展也产生了显而易见的消极影响。正如苏振兴指出："在对待所谓'寡头集团'的问题上，民众主义采取了妥协态度"，"民众主义在推动拉美国家工业化起步的过程中……缺乏一种长远的工业化战略"。⑤以及由于民众主义政党组织的松散而带来的不同阶级利益之间的矛盾和斗争的激化。

苏振兴虽然并没有就拉美民众主义发表专著，但是其在《战后拉美国家的政治进程》一文中对民众主义的研究具有高度的概括性和理论性，是目前国内学术界对拉美民众主义的研究和阐释中最具原创性的代表，对于研究民众主义尤其是拉美民众主义具有很高的参考价值。

董经胜于2004年发表《拉丁美洲现代化进程中的民众主义》⑥一文

---

① 苏振兴：《战后拉美国家的政治进程》，《苏振兴文集》，上海辞书出版社，2005年，第99页。
② 苏振兴：《战后拉美国家的政治进程》，《苏振兴文集》，上海辞书出版社，2005年，第94页。
③ 苏振兴：《战后拉美国家的政治进程》，《苏振兴文集》，上海辞书出版社，2005年，第94页。
④ 苏振兴：《战后拉美国家的政治进程》，《苏振兴文集》，上海辞书出版社，2005年，第96页。
⑤ 苏振兴：《战后拉美国家的政治进程》，《苏振兴文集》，上海辞书出版社，2005年，第96页。
⑥ 董经胜：《拉丁美洲现代化进程中的民众主义》，《世界历史》，2004年第4期。

中首先介绍了西方学者从现代化论、依附论、自由主义经济学理论等角度对民众主义的理解。作者指出在部分依附论学者看来，民众主义是拉美在 20 世纪 30 年代世界大萧条爆发后经济发展从初级产品出口模式向进口替代工业化模式的转变过程中出现的政治运动和政策计划。民众主义与进口替代工业化的早期阶段有着密切的联系，这一阶段经济的增长使得政治领导人有可能通过推行容纳民众的、适度的收入再分配政策来争取到大量的支持者。西方自由主义经济学家从经济政策的角度来界定民众主义。例如多恩布茨和爱德华兹将再分配的目标看作民众主义的核心，他们将民众主义理解为一种经济政策，这种政策强调经济增长和收入的再分配，忽视通货膨胀、财政赤字的危险，忽视外部制约因素和经济机制对于政府不遵守市场规律的政策的反作用。他们对民众主义经济政策持完全否定的立场，认为这种政策是注定要失败的。

　　当代西方政治学家中对于民众主义的重新界定者以库尔特·韦兰德为代表。他认为民众主义是一种政治策略，一位个人化的领导人以这种策略争取和行使政府权力。董经胜还对民众主义的种种理解进行分析，指出其各自存在的明显缺陷。董经胜最后指出此文更倾向于韦兰德的界定，"根据这种界定方式，作为一种政治策略，20 世纪拉美的民众主义既表现为一种政治运动，又表现为一种政府政策，还表现为一种政府形式"。文章的第二部分对拉丁美洲现代化进程的出现的民众主义进行阶段性划分，分为"早期民众主义""经典民众主义""新民众主义"。早期民众主义出现于 20 世纪初较为繁荣的拉美国家。经典民众主义是在 20 世纪 30 年代的经济大萧条环境下兴起的。30 年代到 60 年代，经典民众主义主宰了拉美政坛的主流。新民众主义在 70 年代后期，随着拉美的自由化和民主化进程的开展，在一些国家，出现了民众主义的复兴。第三部分作者从政治和经济两方面对拉丁美洲现代化进程中的民众主义进行了评价。

董经胜于 2004 年在《史学月刊》第 1 期发表的《拉美研究中的民众主义：概念含义的演变》[①]一文详细介绍了西方学者对民众主义这一概念含义界定的演变。早期现代化理论学者和依附论学者强调民众主义概念的社会经济特征和历史阶段性特征，西方自由主义经济学界将民众主义界定为一种特定的经济政策。20 世纪 80 年代以后，这种界定方式受到实证与理论上的挑战。于是有的学者将民众主义界定为一种政治策略。应该说，这一修正使得这一概念可以用来解释 20 世纪 80 年代以后拉美政治发展的新现实，因而是有价值的。2000 年董经胜在《拉美民众主义的特点及其演变》一文中指出拉美民众主义具有"城市性、多阶级性、广泛性、选举性、大众性以及魅力领袖主导性"[②] 等特点。此后董经胜介绍了至 20 世纪 80 年代拉美民众主义的历程。

董经胜的这三篇有关拉美民众主义的文章至今依然可以列入国内学术界研究拉美民众主义的最具参考价值的文献之中。董经胜的文章对民众主义概念和含义给予了逐步深入和愈益详细的介绍，对于理解民众主义具有重要的参考价值。

袁东振在《拉美民众主义的基本特性和思想文化根源》[③]一文对拉美民众主义进行了研究。在此文中，袁东振指出拉美民众主义具有起源的独特性、发展的持续性、地域的广泛性、政策实践的典型性以及表现形式的多样性等特征。拉美精英主义的局限性、社会平等思想、民族主义思想、崇拜魅力领袖的心理以及对政治幻想的偏爱等都是民众主义在拉美持续发展的思想文化根源。对于如何评价拉美的民众主义，袁东振指出："拉美的民众主义有深厚社会根基和文化思想根源。无论是精英

---

① 董经胜：《拉美研究中的民众主义：概念含义的演变》，《史学月刊》，2004 年第 1 期。
② 董经胜：《拉美民众主义的特点及其演变》，《山东师大学报》（社会科学版），2000 年第 3 期。
③ 袁东振：《拉美民众主义的基本特性及思想文化根源》，《中国拉丁美洲史研究会第九届会员代表大会暨"全球史视野下的拉丁美洲文明"学术研讨会论文集》，2016 年。

主义还是民众主义，都会引发社会矛盾、对抗和冲突，都不是拉美未来政策的完美选择。在对拉美民众主义做出肯定和否定之前，应对拉美民众主义的根源做出切实分析和研究。拉美国家未来的政策选择，既要避免'民众主义陷阱'，又要力图克服精英主义缺陷。要从根本上消除民众主义的不良后果，必须消除民众主义产生的历史、现实和思想文化根源。为此，不仅应加强制度和体制建设基础，推进社会改革，实现合理分配和社会公平，使中下阶层合理分享经济增长的利益，而且要逐渐消除民众主义产生和发展的思想和文化根源。"

夏立安于 2000 年在《拉丁美洲研究》中发表《民众主义、威权主义、职团主义、民族主义——读〈剑桥拉丁美洲史〉第 8 卷》[①] 一文中主要是针对《剑桥拉丁美洲史》第 8 卷中出现频率较高的几个概念——民众主义、维权主义、纸团主义和民族主义——进行辨析。此文认为："表面上看，《剑桥拉丁美洲史》第 8 卷在使用民众主义概念时，有滥用之嫌。但其内涵则更加特定化，它指的是社会转型时期出现的一种政治现象，是社会政治现代化的产物。从政治学意义上看，民众主义是把动员起来的城市或乡村民众纳入政治进程的一种现象。"同时夏立安将拉美的民众主义与 19 世纪 60 年代俄国出现的民众主义、19 世纪后期美国出现的民众主义进行比较，指出"拉丁美洲的民众主义更有普遍性、更具代表性"，"拉美的民众主义运动则更多的在于它的城市性，在于它是城市工人的运动，在于它是工业化和城市化推动下的民众政治动员"。最后夏立安指出"民众主义总是同现代化联系在一起，是现代化进程中的产物，甚至有人说，它是传统与现代的桥梁"。

林红的发表的《论现代化进程中的拉美民粹主义》[②] 一文中分析了

---

① 夏立安：《民众主义、威权主义、职团主义、民族主义——读〈剑桥拉丁美洲史〉第 8 卷》，《拉丁美洲研究》，2000 年第 5 期。
② 林红：《论现代化进程中的拉美民粹主义》，《学术论坛》，2007 年第 1 期。

民粹主义在拉美生成的历史必然性。"民粹主义运动弥补了旧的寡头阶层和大众社会之间的裂痕，确立了追求民族经济独立、打破半封建社会结构、促进社会公正的目标，成了现代拉美社会控制的主要政治形式。因此，民粹主义作为拉美政治的一种选择，代表了对社会转型所带来的严重结构性危机的激烈政治反应"。同时指出拉美民粹主义的独特性即拉美民粹主义的社会基础以城市劳工为主体，拉美民粹主义常常求助于卡里斯马式的政治领导，拉美民粹主义在经济上具有强烈的改良主义倾向。林红在对拉美民众主义整体研究的同时还以庇隆主义为例进行了个案研究。

赵兴修的硕士论文《民众主义与拉美国家政治现代化进程》[①]。从民众主义的定义、民众主义与权威主义、民众主义与民主政治、民众主义与精英主义等方面对民众主义进行界定。在论文的第三章中作者从拉美民众主义的兴起、拉美民众主义发展的三个阶段、拉美民众主义特点这三方面考察了拉美民众主义的发展进程。第五章介绍了民众主义与拉美政治现代化的关系。

李妍的硕士论文《论拉美现代化进程中的民粹主义》[②]从对民粹主义概念的梳理、拉美现代化进程中的民粹主义、民粹主义对拉美现代化发展的影响等方面对民粹主义进行了研究。

2. 民众主义一直以来都是拉美研究是热点问题。针对此问题拉美学术界多次进行讨论

2008年10月30日，中国社会科学院拉美所政治室和政治学科主持召开"拉美民众主义的发展及其影响"研讨会。在研讨会上，董经胜教授重点分析了民众主义概念的含义和拉美民众主义的起源与发展。他把民众主义归纳为两种：一种是从政府角度，它等同于民族主义、大众政

---

① 赵兴修：《民众主义与拉美国家政治现代化进程》，山东师范大学，2011年，硕士论文。
② 李妍：《论拉美现代化进程中的民粹主义》，外交学院，2006年，硕士论文。

治和反对现状的政治意识形态，是精英与工业资产阶级联盟改变现状的发展主义，通常由魅力人物来领导；另一种是民众直接诉诸发展，这时民众主义属于精英主义的意识形态范畴。

江时学重点分析了拉美传统民众主义与当前民众主义的联系与区别、民众主义的评价与发展前景。他认为，20世纪30年代至60年代是民众主义的黄金时期，而当前的新民众主义更加注重维护国家经济权益，但不及传统民众主义的政治动员效率高；当前的新民众主义是否会重蹈传统民众主义覆辙的问题值得关注：社会支出膨胀、政府亏空、通货膨胀上升和经济放缓是否会导致军人政变。

袁东振重点分析了拉美民众主义的特征，以及拉美民众主义持久不衰的原因：发展的持续性、政策实践的典型性和表现形式的多样性是拉美民众主义的重要特征；民众主义是拉美政治发展进程中的产物，是变革与替代的选择，而喜欢强人政治和魅力领导的政治文化传统，以及当今民主政治的发展为民众主义在拉美的持续发展提供了条件。①

尽管国内学术界从不同角度对拉美民众主义进行了研究，发表了相关研究成果，推动了学术界对拉美民众主义的研究。但是从总体上来看目前国内学术界对拉美民众主义研究有一些不足：第一，对民众主义原创性研究不足，没有形成本国的理论体系。在使用民众主义这一概念时，国内学术界基本还是借用国外学者的观念和理论。第二，对拉美民众主义发展进程的研究较为粗略，以时间为序进行大致划分。这样的研究可以做到重点突出，每一个阶段的典型代表获得充分关注。但是另一方面对于亚类型的研究就显得格外薄弱。第三，在对拉美民众主义研究中国内学者的视角较为单一，主要是从政治、经济两个方面对拉美民众主义进行探讨，缺乏多样性。视角的单一性导致国内拉美民众主义比较生硬、

---

① 杨建民：《"拉美民众主义的发展及其影响"研讨会综述》，《拉丁美洲研究》，2008年第6期。

孤立，缺乏历史性和连贯性。

3. 在国内学术界除了对民众主义概念、内涵及拉美民众主义进行整体研究之外，还有学者对拉美民众主义进行了个案研究

与国外学术界相类似的是，国内个案研究是拉美民众主义研究的重点，研究成果也最为丰富。在个案研究中国内学者的主要是对以墨西哥的拉萨罗·卡德纳斯、阿根廷的胡安·多明各·庇隆、巴西的热图利奥·瓦加斯、厄瓜多尔的何塞·马里亚·贝拉斯科·伊瓦拉、秘鲁的阿普拉党（APRA）、玻利维亚的维克托·帕兹·埃斯登索罗等为代表的"经典民众主义"研究为主。此外，20 世纪八九十年代的梅内姆、科洛尔、藤森、萨利纳斯等政府为代表的"新民众主义"也受到学者的广泛关注。在国内学术界从个案上研究拉美民众主义的主要集中于对"经典民众主义"和"新民众主义"的研究。与之相比对于"早期民众主义"的关注就显得格外单薄。乌拉圭的何塞·巴特列·奥多涅斯（1903—1907、1911—1915 年执政）、秘鲁的吉列尔莫·比林赫斯特、智利的阿图罗·亚里山德里以及阿根廷的伊里戈延可以看作拉美早期民众主义者的代表。

以上是国内外学术界对民众主义概念及拉美民众主义研究的基本状况。从个案研究来看，无论是国内还是国外学术界都将研究的重点放在20 世纪 30—60 年代拉美经典民众主义时期，对于八九十年代的新民众主义的关注处于第二位。但是对于拉美早期的一些民众主义的关注就显得格外薄弱。本书试图通过对拉美早期民众主义众的个案——阿根廷伊里戈延主义——进行研究，以窥视拉美成为民众主义温床的缘由。

三、有关本书核心概念的解释

根据拉美民众主义发展的历史过程，国内学术界将其划分为"早期民众主义""经典民众主义"和"新民众主义"。本书试图对拉丁美洲早期民众主义中的个案阿根廷早期民众主义进行研究。在此研究中，对

几个核心概念需要做出阐释。

（一）民众主义

鉴于国内外对民众主义的研究，本书主要从以下三个方面来界定民众主义：

1. 民众主义是一种历史现象，应该从历史的角度来观察拉美民众主义

作为一种历史现象，民众主义无论是作为一种思潮还是一种经济政策，或政治理论，都是不断发展、变化的。不同时期出现的民众主义各具特色，都是当时拉美的社会矛盾、社会任务、社会问题的反映。在拉丁美洲政治发展中，每个时期的民众主义都各具特点，个性鲜明。而在同一时期，各国出现的民众主义却有着很强的相似性。因此，在对民众主义进行考察时应该将其放在客观、鲜活的历史背景中考察，不能抽象地定义民众主义。

综观拉美民众主义的发展，不同时期均呈现出各自的特点。在 19 世纪后期到 20 世纪初期出现了以乌拉圭的何塞·巴特列·奥多涅斯、阿根廷的伊里戈延为代表的"早期民众主义"。这个时期的民众主义主要呈现出以下特点：第一，民众动员主要是面向城市中产阶层，第二，民众主义的目标主要是扩大政治参与，反对精英集团利用政治舞弊操控选举。20 世纪 30—50 年代出现的以阿根廷庇隆主义为代表的民众主义被称为"经典民众主义"。其特点是：第一，重视和依赖强大的、干预型的国家。第二，倡导进口替代工业化，推行凯恩斯主义的经济政策，提高国家资本积累，扩大城市的社会福利。第三，民众动员主要是针对城市劳工，提倡民众参与、精英领导。20 世纪八九十年代出现以梅内姆、科洛尔、藤森、萨利纳斯等政府为代表的新民众主义。新民众主义的特点是：第一，民众主义动员"主要是大量的非正规部门劳动者以及无组织的城市和农村的贫民"。第二，新民众主义不仅适应了八九十年代严

峻的经济局势,而且"利用民众主义推行经济自由主义,反过来又利用经济自由主义来加强其民众主义的领导权"。①

正因为民众主义是一种历史现象,因此不同时期、面对不同是社会问题,民众主义的表现也会有所差别。所以在界定民众主义时就以某一时期、某个阶段的所呈现的特点来规范、定义民众主义显得有些唐突。

2. 民众主义更多的应该是一种政治理论

从世界范围看,拉丁美洲是民众主义最为活跃的舞台,拉美的民众主义也是最为多姿多彩。尽管如此,至今为止拉美社会从来都没有使用过民众主义来代替各个时期各国出现的具有极其相似的社会现象。学术界只是为了进一步对这些现象进行研究、对比而冠之以"民众主义"。拉美各国不同时期的民众主义都有极具本国特色的名称,例如"巴特列主义""人民党主义""瓦加斯主义""庇隆主义",等等。尽管其名称不同,但是在理论源头和实践理论中,这些主义都具有一定的共性。

(1)民众主义不是无源之水,有其深远的理论渊源

从纵向的历史演进来考察,民众主义的思想源泉最早来自法国。法国大革命给民众主义留下了丰富的精神遗产,其中最为重要的就法国大革命的精神领袖卢梭,他甚至被称为"民众主义的始祖"②。卢梭的思想成为民众主义的源泉。这其中包括人民主权观、平等主义思想、道德至上主义和直接行动逻辑,等等。卢梭的人民主权由以下基本原则构成:主权是不可转让的,因为国家由主权者构成,只有主权者才能行使主权;主权是不可分割的,因为代表主权的意志是一个整体;主权是不可代表的,因为"主权在本质上是由公意构成,而意志是绝不可以代表的"③。卢梭的政治哲学从根本上说是一种救世理论,他将性善论作为政治前提

---

① 董经胜:《拉丁美洲现代化进程中的民众主义》,《世界历史》,2004 年第 4 期。
② 林红:《民粹主义——概念、理论与实证》,中央编译出版社,2007 年,第 94 页。
③ 〔法〕卢梭:《社会契约论》,何兆武译,商务印书馆,1982 年,第 125 页。

来解释现实的政治世界，他曾明确指出："那些想把政治与道德分开来论述的人，于两者中的任何一种，都将一无所获。"①

拉丁美洲与欧洲密切的联系是历史造就。在历史上，法国大革命和美国独立运动都对拉美有识之士的世界观产生了强大冲击，推动拉美由争取自治到誓死独立，其中法国大革命的影响更为强烈。作为法国大革命的指导思想，卢梭的思想对拉美的影响不容忽视。独立之后，无论在经济上是与英国或与美国保持密切联系，在文化上，拉美始终认为法国文化是世界文化的灯塔，是文化的最高殿堂。法国文化对拉美文化的影响可以说始终如一。

卢梭为社会变革提出了"人民主权"思想。但是如何实践、如何实现"人民主权"，在法国、俄国、美国等国家都有不一样的表现。与之相比，在拉美的实践更加绚丽多彩。"拉丁美洲的大多数国家在 19 世纪前半期摆脱旧殖民主义统治之后，外部帝国主义势力——先是以英帝国主义为主，后是以美帝国主义为主——又乘虚而入。国内以大庄园制为代表的前资本主义生产关系长期占据统治地位，并在此基础上形成以地主寡头、军事考迪罗和天主教势力'三位一体'的政治统治。拉美国家近代资本主义因素的生长和发展不仅仅从一开始就处在外部帝国主义势力和国内前资本主义的夹缝之中，而且其推动主要是外部市场对农、矿业原料的需求。当时，农、矿业资源及其开发主要由寡头阶层所掌握。寡头阶层从出口原料中获得的收益并未用来发展民族工业与科学文化事业，而是用于进口消费品以满足自身的奢侈生活。在这种经济模式下，虽然局部地区的基础设施（铁路、港口）和少数沿海城市逐步有所发展，但整个生产结构是畸形的，资产阶级成长缓慢。"②"拉美国家由于资产

---

① 〔法〕卢梭：《社会契约论》，何兆武译，商务印书馆，1982 年，第 7 页。
② 苏振兴：《战后拉美国家的政治进程》，《苏振兴文案》，上海辞书出版社，2005 年，第 104 页。

阶级力量弱小及诸多历史因素的限制，在进入工业化、现代化进程之前以及在这个过程之中，几乎都没有经历过资产阶级民主革命，经济基础和上层建筑都不曾经历任何革命性的改造。这就决定了国家工业化、现代化的发展必然要在传统因素和现代因素、保守势力和革新势力之间的反复斗争中经历漫长的渐变过程。"[①]"工业化、现代化进程在像拉美国家这样一种社会环境中所激起的矛盾与冲突，几乎是无所不在的，十分尖锐的，然而，也正是由于拉美国家社会的这种特殊性，解决这些矛盾、冲突的方式也就具有它自身特点。其最根本的特点就是改良主义。"[②]"这个过程反映在国家政治生活上就是新兴资产阶级的政治统治长期难以稳固，资产阶级的政治文化与传统政治文化长期相互交织。"[③]在拉美这样一个"矛盾几乎无处不在的，十分尖锐"的社会中，造就了改良成为解决社会问题的最有效的手段。拉美社会的这些特点不是短期、一时的，而是一直与拉美现代化随行。所不同的是，在不同时期几乎无处不在的矛盾激化程度不同，激化的角度不同。在这样一种社会背景中，类似于法国大革命时期所使用的激进手段是不合时宜的，也是行不通的。民众主义更适合拉美状况。在不同时期，拉美社会矛盾中突出的亟待解决的方面不同，民众主义呈现出不同特点

民众主义是有理论渊源的，其可以追溯到启蒙时代。卢梭的思想为民众主义提供了深厚的理论。卢梭"人民主权"思想在不同的社会环境中有不同的表现。拉美的民众主义正是这种"人民主权"思想与拉美客观实际相结合的产物。

（2）拉美的民众主义更多的是一种政治理论

无论是早期、经典还是新民众主义，其着眼点都在国家政权。通过

---

① 苏振兴:《战后拉美国家的政治进程》,《苏振兴文案》,上海辞书出版社,2005年,第118页。
② 苏振兴:《战后拉美国家的政治进程》,《苏振兴文案》,上海辞书出版社,2005年,第118页。
③ 苏振兴:《战后拉美国家的政治进程》,《苏振兴文案》,上海辞书出版社,2005年,第118页。

民众动员来达到政治目标即执政或者巩固政权。诚然民众主义政府在不同时期所采取了不同的经济政策。这些经济政策一方面是当时拉美各国经济发展中必须要面对的困难，必须要变，不变无法继续。另一方面原有的经济格局与民众主义政治目标并不相一致，为了达到政治目标，经济领域的新政是必要的。据此，我们可以看到，拉美民众主义可以与完全不同的经济发展政策相匹配。无论是"大开大放"还是进口替代工业化抑或新自由主义在不同时期都曾成为民众主义的经济伴侣。只是民众主义"远不具有像社会主义和自由主义那样的复杂性和持续性。民众主义的思想计划要简单得多，原始得多"①。

3. 拉美民众主义的特点

拉美各个时期的民众主义虽然特点鲜明，但是作为被学者冠以民众主义，它们之间必然有某种共同之处。

首先，拉美民众主义领袖始终都出自现行体制内的被边缘化的集团。民众主义领袖一般都是卡里斯马型的领导人。"民众主义领袖将自己与民众视为一体，他们力图代表民众表达对于特权者的怨恨，主张实现平等和公正。"民众主义运动的领导人是来自民众之外的其他社会集团，因此拉美民众主义在很大程度上是"民之精粹"，带有强烈的精英意识。

其次，民众主义在组织建设方面都表现出极端的不健全甚至是缺失。由于民众主义的领导人的个人化特征。民众的组织可能成为潜在的威胁，如政党组织将不可避免地产生可能被他人运用的权力媒介，会阻止和危及领袖对民众的政治控制。这种特征在民众主义运动反对现存政治体制、民众又分散于许多不同的社会集团时特别明显。这种领导人在其发展中起到至关重要的作用。"一旦所谓有魅力，有才能的领袖人物消失了，或者民众主义失去了执政地位，其下属组织就失去了决策中心，在作为

① 董经胜：《拉美研究中的民众主义：概念含义的演变》，《史学月刊》，2004 年第 1 期。

'阶级间的联盟'的民众主义政党内部也失去了协调和平衡机制，不同阶级利益之间的矛盾和斗争也随之激化。"①

最后，民众主义具有很强的实践性。综观拉美历史上出现的各种民众主义理论，其实践性都非常明显。这种实践性主要表现在民众主义作为一种动员的手段和政治策略是十分有效的。民众主义这一突出特点成为国际学术界对其关注的焦点。民众主义的这种具有很强实践性的特点并不能抹杀其主要是一种政治理论的本质。

（二）阿根廷早期民众主义

本书重点研究的对象是阿根廷民众主义发展历程中的早期阶段。众所周知，拉美是民众主义最为广阔的舞台，而阿根廷的民众主义可以称为拉美民众主义的典型。本书所要研究的这一段民众主义历史是从19世纪后期到20世纪30年代，伊波利托·伊里戈延从领导激进公民联盟争取选举制改革到成为阿根廷总统，最后到政权被军事政变推翻。这段时间也就是学术界所称的阿根廷"伊里戈延时期"或者"伊里戈延主义"的产生发展的过程。

对于本书研究的这段阿根廷早期民众主义的定位学术界存在争论。从时间跨度上看，有学者认为民众主义是20世纪30—60年代拉美国家工业化第一阶段的产物。也就是说民众主义最早出现在30年代。因此伊里戈延时期并不能称为民众主义。还有学者从民众主义政党构成上认为伊里戈延领导的激进党不是多阶层联合的政党，是一个单一阶层的政党，因此也不应该将其纳入民众主义范畴。此外，从经济角度来定义民众主义时对伊里戈延主义也持怀疑态度。尽管如此，还是有学者将其纳入民众主义范畴，例如阿根廷社会学家道尔瓜多·蒂·代亚最早在对拉美的就政党进行分类时将激进党称为民众主义。持同样观点的还有米查

---

① 苏振兴：《战后拉美国家的政治进程》，《苏振兴文集》，上海辞书出版社，2005年，第9页。

尔·考恩尼以及从政治角度定义民众主义的学者。

鉴于本书对拉美民众主义的定义，作者将伊里戈延主义纳入民众主义范畴并认同将其界定为"阿根廷早期民众主义"。民众主义是一个历史范畴，不是某个阶段所独有的，更不是一成不变的。不同的历史发展阶段赋予民众主义以不同的特点。但是拉美民众主义作为一种历史现象具有重要的共性。这些共性是界定拉美民众主义的核心要素。阿根廷伊里戈延主义基本上具备了这些要素。伊里戈延主义始终是着眼于政权。从作为反对党争取通过普选获得国家权力，到作为执政党通过各种手段巩固对政权的控制。国家政权始终是伊里戈延主义所关注的焦点。另外从领导人的地位、领导风格、激进党组织以及伊里戈延主义的动员能力等因素上考察，伊里戈延主义也应该是民众主义范畴。与庇隆时期阿根廷典型民众主义相比，伊里戈延时期的民众主义还显得幼嫩，民众主义色彩没有那么浓郁。但是这并不影响伊里戈延主义作为阿根廷民众主义早期阶段的历史地位。阿根廷民众主义的这种发展恰好反映了民众主义作为一种历史现象的内在特点。

四、国内外学术界对阿根廷早期民众主义的研究

（一）相关的研究专著

国外学者尽管对早期民众主义已经给予了关注，但是有关此问题的专著还是比较少，其中戴维·罗克所著的《1890—1930 年阿根廷政治——激进主义的沉浮》① 最具代表性。作者以 1890—1930 阿根廷社会中各阶层之间的政治、经济关系的变化为主线，阐释了阿根廷激进党和激进主义的发展变化。此书对理解早期民众主义的兴起具有很大的参考价值。此外，鲁道夫·普伊赫罗斯所著的《伊里戈延主义》②、爱德华多·包

---

① David Rock. *Politics in Argentina 1890–1930 ——The rise and fall of radicalism*, Cambridge University Press, 2009.

② Rodolfo Puiggró s. *El Yrigoyenismo, Jorge alvavez editor*. Buenos Aires, 1965.

蒂斯塔·庞德的《激进公民联盟的理论——起源与实践》①、劳尔·阿方辛所著的《什么是激进主义》②等都是对激进公民联盟即激进党的理论和激进党领导人伊波利托·伊里戈延（Hipólito Irigoyen）的理论进行了归纳、总结和研究。这些著作中虽然没有提及"早期民众主义"这一提法，但对此问题都从不同角度展开研究。这些专著所关注的问题恰是本书研究的核心问题。因此，这些著作对笔者研究早期民众主义提供了重要的线索和参考价值。

除了研究较为集中的专著之外，在其他一些相关著作中也有涉及与阿根廷早期民众主义相关的一些问题。

（二）对早期民众主义发展背景的研究

对阿根廷早期民众主义产生、发展背景的研究相对比较集中，主要是一些有关阿根廷 19 世纪 80 年代以后政治、经济和社会发展、变化的研究成果。例如大卫·洛克于 2002 年出版的《1860—1916 年阿根廷国家机构和政治运动》③。本书作者依据历史发展脉络阐述了阿根廷统一国家的形成。本书比较客观地介绍了阿根廷寡头政治的建立、发展、衰落以及最终让位于伊里戈延领导的民众主义政府的过程。在此基础上，作者对民众主义战胜寡头势力走到阿根廷政治中心的社会、历史原因做出翔实的分析。本书对研究伊里戈延政府建立的社会、政治、经济背景具有重要的参考价值。罗伊·霍拉出版的《阿根廷草原上的大地产者：1886—1945 年阿根廷社会和政治史》④一本书中详细介绍了土地寡头的社会观和政治观，主要是从寡头势力的角度分析了当时阿根廷政治、经

---

① Eduardo Bautista Pondé. *Doctrina de la unión cívica radical—origen y aplicación*, Instit uto Yrigoyeneano, Buenos Aires, 1989.

② *Raúl Alfonsín Qué es el radicalismo*. Editoral sudamricana Buenos Aires, 1985.

③ David Rock. *State building and political movement in Argentina 1860–1916*. Stanford University Press，2002.

④ Roy Hora. The *landowner of the Argentina pamps : a social and political history 1860–1945*. Oxford University Press, 2001.

济的发展和变化以及伊里戈延时期民众主义的兴起。若泽·路易斯·罗梅罗出版的《阿根廷政治思想史》、乔纳森·C.布朗发表的《19世纪阿根廷旧传统的束缚》以及阿尔佛雷德·哈斯布罗克发表的《征服荒漠》[①]等对早期民众主义兴起的背景研究方面都具有一定的参考价值。

（三）对激进党和伊里戈延个人发展历史的研究

国际学术界还有一部分学者在关注激进党和伊里戈延个人的发展历程。这方面的研究也有一些成果问世。莱斯利·E.安德森发表的《脆弱的民主制中一党独大的问题分析——以阿根廷为例》[②]一文中完整地为读者展示了阿根廷激进党的发展历程，并且分析了激进党最为拉美最古老的民众政党在在阿根廷政治生活中衰落的原因。其中作者对伊里戈延时期激进党的兴衰功过做出了大量分析。作者指出"激进党在伊里戈延总统时期的发展说明了两个问题即早期激进主义的是有力量的，同时也有其局限性"。"一方面，激进党是在民众动员基础上夺权的第一个独立的政党，这是激进党受到民众支持的结果。从这个意义上说，激进党的胜利代表着阿根廷民主向前迈进一步"，"另一方面，激进党与反对选举的非民主力量抗争了26年。这种形势也塑造了这个新党要竭尽全力来建立和巩固一种新的民主体制的运行"。"当选举程序启动之时就意味着激进党要面对一种不同的竞争形势"。这种形势就"需要激进党加强在政治上的吸引力、建立政治联盟以此来阿根廷民主制赢得更多的支持"，但是"无论是激进党还是伊里戈延个人对于妥协和结盟都是没有经验的，同时也是没有意愿的"。作者指出伊里戈延给激进党注入的这

---

① José Luis Romero. *A history of argentine political thought.* introduction and translation by Thomas F.Mcgann. Stanford University Press, 1963; Jonathan C. Brown. The bondage of old habits in nineteenth-century Argentina. *Latin American research review*, Vol.XXI, No.2, 1986; Alfred Hasbrouck. The conquest of the desert. *The Hispanic American historical review*, Vol.15, No.2, May,1935.

② Leslie E. Anderson. The Problem of Single-Party Predominance in an Unconsolidated Democracy: The Example of Argentina. *Perspectives on Politics*, Vol.7, No.4, 2009.

种僵化的不妥协不仅是激进党不成熟的表现而且成为日后激进党在阿根廷政治舞台中一次次失败的原因。

除此之外，作者还指出军队对阿根廷政治生活的屡次干涉也是造成激进党不能正常成长的客观原因。"阿根廷选举政治中的一个问题时选举程序，经常是在一次或者两次选举之后，多次被军事政变中断。这种环境将政党陷入一种困境即或是在没有选举环境中是反对专制暴君或是在选举中相互对立"。

阿罗德·E.戴维斯发表的《伊波利托·伊里戈延（1852—1933）——阿根廷谜一般的人物》①对伊里戈延个人的成长经历和政治生涯做了介绍和分析。作者着重是从伊里戈延家庭背景、成长环境等方面来考察伊里戈延政治生涯的特点，即"他是阿根廷第一位去证明组织以民众为基础的政党是有效的领导人，但是在他那漫长而困难重重的政治生涯中，他由毫不犹豫地使用了政治'老板'的政策"。

（四）对激进党和伊里戈延政府的多角度研究

达比奥·坎托尼所著的《阿根廷政党与选举——历史、论述、总结1910—1966》②主要是从选举的层面考察了包括激进党在内的阿根廷各个主要政党。其中第二章分析了选举中各个政党获得选票的变化，在其中就有涉及激进党在历届各级选举中选票的变化和政治地位的变化。彼得·H.史密斯所著的《1904—1955年阿根廷和政治精英之间民主政治斗争的失败》③一书研究了从1904到1955年期间的阿根廷选举中选票分布的变化，对伊里戈延时期各届议会选举的情况也做了详细的介绍和

---

① Harold E.Davis. HIPOLITO YRIGOYEN (1852–1933) :The Argentine Man of Mystery. *World Affairs*, Vol. 110, No. 4, 1947.

② Dario Canton. *Elecciones y partidos politicos en la Argentina—historia, interpretación y balance 1910–1966*, Singlo XXI Argentina editeres S.A, Buenos Aires, 1973.

③ Peter H Smith. *Argentina and the failure of democracy–conflict among political elites 1904–1955*. Wisconsin:The university of Wisconsin press, 1974.

分析。理查德·J.沃尔特发表的《1918—1930 年布宜诺斯艾利斯市的政治与政府》[1]以及《伊里戈延第一届政府时期布宜诺斯艾利斯市的选举：社会阶级与政治倾向》[2]主要是从选举的角度考察包括激进党在内阿根廷各个政党的地位和影响力的变化情况。

塞缪尔·L.贝利于 1967 年出版的《阿根廷工人、民族主义和国家政治》[3]的二章涉及伊里戈延执政府与工人组织和工人运动的关系。作者主要是从工人组织这个角度来考察伊里戈延的执政政策。卡洛斯·罗德里格斯·布劳恩发表的《拉丁美洲早期自由社会主义：胡安·B.胡斯托和阿根廷社会党》一文从阿根廷社会党的角度侧面分析伊里戈延的政治主张。作者指出在伊里戈延之前，激进党领导人阿莱姆是反对集权，在经济上尤其崇尚自由。而伊里戈延的激进主义不同于阿莱姆，"事实上更接近于罗加以及之前的强权政府的政策"。在这种情况下，"社会党党员更多地寄希望于通过给议会施加压力来满足工人的合法要求"，"工人阶级的强烈愿望就是全民包括妇女在内的选举权利"。杰里米·阿德尔曼发表的《政治分裂和有组织的劳工：阿根廷、巴西和墨西哥 1916—1922》[4]一文中指出，在伊里戈延总统期间，阿根廷工会并没有形成一种强大的集体力量在伊里戈延政府中争取更多的权利。其中重要的一个原因是"工人运动本身"。"受到工联主义的影响，工人领袖大多认为除了临时性获得政府支持外，工人别无他需"。作者指出，当时阿根廷工人组织不愿意与政府建立某种合法联盟关系，认为工人的

---

[1] Richard J. Walter. Municipal politics and governmentin Buenos Aires ,1918–1930. *Journal of Interamerican studies and world affairs*, Vol.16, No.2, May,1974.

[2] Richard J.Walter. Elections in the city of Buenos Aires during the first Yrigoyen administration: Social class and political preferences. *The Hispanic American historical review*, Vol.58, No.4, November, 1978.

[3] Samuel L Baily. *Labor Nationalism，and Politics in Argentina*. New Jersey: Rutgers university press, 1967.

[4] Jeremy Adelman. Political Ruptures and Organized Labor: Argentina, Brazil, and Mexico, 1916–1922. *International Labor and Working–Class History*, No. 54, 1998.

权利通过与政府进行临时性的谈判就可以得到解决。当时的工人组织"更加珍惜自治"。在霍埃尔·霍罗威茨发表的《1921年阿根廷一次失败的大罢工：激进党与工会关系的关键时期》[①]一文中，作者指出对于伊里戈延政府来说，与码头罢工相比"农村的暴乱更具威胁性"。因为"在农村，受到威胁的财产大多属于地方精英或者是受到英国利益集团所控制。而国家税收的绝大部分是来自进出口。因此，农产品的生产和出口就成为至关重要的"。

以上文章是从当时阿根廷的工人运动及工人的两大组织社会党和工联的角度观察了伊里戈延及其政策。此方面的还有一些相关的研究成果[②]。

卡尔·索尔贝格在《1912—1930年阿根廷动荡的农村和农业政策》[③]一书中作者则详细考察了激进党和伊里戈延的农村政策。从总体上说，伊里戈延政府对农民问题、对土地问题是毫不关心的。这是因为"大地产所有者在激进党和伊里戈延政府中具有强有力的影响力"。此外，作者还认为"大多数农民没有选举权的事实可能影响了伊里戈延的土地政策"。这些研究成果则主要是从阿根廷农村社会及农业政策的角度分析了伊里戈延政府。同时，以农村和农业为视角也有一些研究成果[④]。

此外还有一些研究成果从教育、关税等领域的变化来分析伊里戈延

---

① Joel Horowitz. Argentina's failed General Strike of 1921:A Critical Moment in the Radicals' relations with Union . *The Hispanic American Historical Review*, Vol.75, No.1,1995.

② Ronaldo Munck & Ricardo Falcón & Bernardo Galitelli. *Argentina from anarchism to peronism —Workers, Unions and Politics 1855–1985.* London and New jersey: Zed book Ltd,1987; Ronaldo Munck. Labor studies in Argentina. *Latin American research review*, Vol.XXI, No.3, 1986; Matthew B. Karush: *Workers or Citizens –Democracy and Identity in Rosario, Argentina（1912–1930）*, Albuquerque: The university of New Mexico Press, 2002.

③ Carl Solberg. Rural Unrest and Agrarian Policy in Argentina,1912–1930. *Journal of Interamerican Studies and World Affair*, Vol.13, No.1,1971.

④ Donna J. Guy . The rural working class in nineteenth–century Argentina：forced plantation labor in Tucuman . *Latin American research revie*, Vol.XIII, No.1, 1978; Daniel J. Greenberg.Sugar depression and agrarian revolt：the Argentine Radical Party and Tucumán cañeros' strike of 1927. *The Hispanic American historical review*, Vol.67, No.2, May, 1987, etc.

政府。理查德·J.沃尔特出版的《阿根廷的学生政治——1918—1964 年大学改革运动及其影响》①一书中第二、三、四章都涉及了伊里戈延时期，激进党的执政实践。此外，还有卡尔·索尔伯格发表的《1916—1930 年阿根廷关税与政治》。②

另外，还有学者从文化的角度对阿根廷早期民众主义进行研究，发表了一些研究成果。苏珊·卡维特和彼得·卡维特合著的《阿根廷政治文化与不稳定》③，从天主教影响、考迪罗主义、个人主义传统等方面对伊里戈延政府的政策进行了分析。阿尔贝托·斯佩克托尔基在《民族主义和民主结构：对阿根廷和乌拉圭政治文化根源的比较研究》④一文中指出激进党代表一种基于传统的民族主义。这也是一种保守派精英希望抹去的民族主义。戴维·罗克在《威权主义的阿根廷：民族主义运动的历史和影响》⑤一书中对阿根廷民族主义进行研究时也将伊里戈延的政策和主张作为实例之一进行了阐释。莉利亚·安娜·贝托尼在《爱国主义、世界主义和民族主义：19 世纪末阿根廷民族特征的形成》⑥一书中写道，19 世纪末 20 世纪初，阿根廷社会从政治和文化上都感受到欧洲移民的强大冲击，阿根廷的民族主义和对传统文化回归的呼声不断加强。作者所考察的这一阶段也是早期民众主义积聚力量，准备走上政治舞台的时期。

---

① Richard J. Walter. *Student politics in Argentina——The university reform and its effects, 1918–1964*, New/London: Basic Book Inc. Publish, 1968.

② Carl Solberg. The Tariff and Politics in Argentina 1916–1930. *The Hispanic American historical review*, Vol.53, No.2, May, 1973.

③ Susan Calvert and Peter Calvert. Argentina: *Political Culture and Instability*, Worcester, The Macmillan Press, 1989.

④ Alberto Spektorowsk. Nationalism and Democratic Construction: The Origins of Argentina and Uruguay's Political Cultures in Comparative Perspective. *Bulletin of Latin American Research*, Vol.19, No.1, January 2000.

⑤ David Rock. *Authoritarian Argentina–The Nationalist Movement, Its history and Its Impact*, California:The University of California Press, 1993.

⑥ Lilia Ana Bertoni. *Patriotas, Cosmopolitas y Nacionalistas: La Construcción de la Nacionalidad Argentina a Fines del Siglo XIX*, Buenos Aires, Fondo de Cultura Económica de Argentina, 2001. http://www.biblioteca.unlpam.edu.ar/pubpdf/anuario_fch/n05a30mu%C3%B1oz.pdf.

当时阿根廷在文化上的反思为早期民众主义走向实践创造了有利的社会环境。加布里埃尔·L.内格雷托与若泽·安东尼奥·阿吉拉尔－里韦拉在合著的《拉丁美洲自由政府遗产的反思：以 1853—1916 年的阿根廷和 1857—1910 年的墨西哥为例》[1] 中以早期民众主义为例来说明阿根廷民众从对寡头政府的不满逐渐发展成为对自由主义理论的否定。

这些研究成果对从不同侧面理解伊里戈延时期阿根廷的政治、经济和社会具有重要的参考价值。

此外，莱斯利·贝瑟尔主编的《剑桥拉丁美洲史》（中译本）的第三、四、五、六和第八卷中有关各章对阿根廷早期民众主义都进行了相关的介绍，为本书的研究提供了可贵的线索和相关的材料。

从总体来说，国外学者对阿根廷早期民众主义的研究也只处于初级阶段，尚未进行整体性的历史总结和研究。

与国外学术界对阿根廷早期民众主义的研究相类似，国内学术界的相关研究更加单薄。此方面的研究主要是本人发表的几篇拙著。

主要成果包括 2006 年发表在《拉丁美洲研究》第 1 期的《阿根廷现代化进程中民众主义兴起的内因》。作者从国内因素考察了阿根廷早期民众主义的出现。"正是由于阿根廷现代化的起步才使广大民众从封闭和隔离的状态中走出来，从而进入一个开放和竞争的社会；正是由于阿根廷现代化的起步才使民众认识到自身的边缘化，使民众开始觉醒。正是阿根廷现代化的起步为伊里戈延的上台奠定了基础，也为民众主义的崭露头角提供了机会。现代化是一个不断发展的过程。阿根廷现代化的发展把越来越多的民众带入现代化的进程中，使更广大的民众对自身的经济和政治利益有了清醒的认识，对改善经济状况、提高政治地位有

---

① Gabriel L. Negretto and José Antonio Aguilar–Rivera. Rethinking the Legacy of the Liberal State in Latin America: The Cases of Argentina (1853–1916) and Mexico (1857–1910). *Journal of Latin American Studies*, Vol.32, No.2, May 2000.

了更为迫切的要求。当广大民众深深卷入现代化浪潮时，民众主义兴起的契机出现了。"2009 年在《世界历史》第 6 期发表的《探析阿根廷早期民众主义理论》一文对阿根廷早期民众主义理论进行了较为详细的研究。2014 年在《拉丁美洲研究》第 4 期发表的《阿根廷早期民众主义的文化诠释》一文从文化的角度对阿根廷早期民众主义进行考量，作者从早期民众主义理论产生的文化基础、早期民众主义实践的文化基础两个方面对阿根廷早期民众主义进行了研究。在此基础上，作者从文化的角度对阿根廷现代化的曲折历程进行了讨论。"在对待传统文化和现代因素上要充分认识传统文化，对传统文化中历久弥新的脊髓要有足够的认识和自信，在现代化进行中充分发挥这些因素的亲和力和感染力。在与外来文化的交往中，对本土文化要有充分的自信。"本人主要是对阿根廷伊里戈延时期出现的早期民众主义的某些侧面进行了尝试性研究。

本书在现有研究成果基础上，对阿根廷早期民众主义的兴起、发展、理论及其历史影响和地位进行了系统的梳理和研究，力图为推动学术界对阿根廷乃至整个拉丁美洲的早期民众主义研究做出自己的一点努力。可是鉴于笔者能力有限，本书的研究存在很多不足和欠缺之处，只能起到抛砖引玉的作用，希望得到学术界的批判与指正。

五、本书研究内容简介

本书试图以马克思主义唯物史观为指导对阿根廷早期民众主义进行研究。本书对早期民众主义的研究分为三个层次。首先，要探究早期民众主义的理论内核，剖析早期民众主义理论的本质；其次，要对早期民众主义运动的发展及利弊进行细致的考察；最后，就是关注早期民众主义政党和政权的发展、变化及其本质。本书研究的时间主要集中于 1916—1922 年和 1928—1930 年间伊里戈延先后两届政府时期。作为一种社会历史现象，早期民众主义有其产生的历史背景。因此本书的研究对象是伊里戈延时期阿根廷民众主义，时间跨度却是从 19 世纪 80 年代到 20 世纪 30 年代。具体来说，本书分为五章以及书末的结论。第一章从阿根廷现代经济的起步和发展、寡头政治的发展和失控，以及阿根廷社会文化的冲突与调整三方面，论述了早期民众主义产生的社会土壤。第二章主要论述了早期民众主义产生的现实条件和伊里戈延第一届政府时期（1916—1923）早期民众主义的理论和实践。第三章论述了早期民众主义从高潮走向低潮的历史进程。在本章最后对早期民众主义发展的两个阶段进行了小结。第四章和第五章分别阐述了早期民众主义衰落的原因和早期民众主义的历史地位。书末的结论对早期民众主义的产生、发展及其本质做了总结。

第一章 早期民众主义出现的社会土壤

19 世纪 80 年代末到 20 世纪第一个 10 年是阿根廷社会大变动、大改组，政治、经济发展承前启后的重要时期。

在经济上，从 1870 年起，阿根廷逐渐迈入本国现代化进程中的"美好时代"。阿根廷充分利用了国际市场对初级产品需求的迅速增长，通过引进外资，大力发展初级产品的生产和出口，迅速积累了财富，成为当时世界上经济增长最为快速的国家之一。统计学家安格斯·麦迪森（Angus Maddison）利用购买力评价的方法计算出 1870—1913 年阿根廷国内生产总值（GDP）的年均增长率为 6.02%[①]。对此，阿瑟·刘易斯强调说，如此高的经济增长率"使得阿根廷能与日本竞争 1880—1913 年间世界上增长最快国家的称号"[②]。阿根廷的现代化进程开始起步，并且得到了初步发展。到 20 世纪初，阿根廷经济进入一个崭新的发展时期，过去贫穷、落后的国家面貌开始发生改变，为现代化进程的继续深入开辟了道路。1913 年阿根廷已成为世界上最富裕的国家之一。

在政治上从 19 世纪 80 年代末开始，阿根廷逐步抛弃了各地考迪罗各自为政的混乱状态，进入寡头政治时期。寡头政治的建立确实为阿根廷带来了秩序和稳定，也为经济的发展提供了保证。寡头政治在强调秩序和稳定的同时却忽视或者无视了国家政治领域应有的开放性和灵活性。到 20 世纪的第一个 10 年，寡头政治的狭隘性日益突出。以其为基

---

① 〔英〕安格斯·麦迪森：《世界经济千年史》，伍晓鹰、许宪春、施发启译，北京大学出版社，2003 年，第 191 页。

② 〔美〕阿瑟·刘易斯：《增长与波动》，梁小民译，华夏出版社，1987 年，第 283 页。

础所建立的秩序和稳定也已经成为阿根廷政治现代化发展的绊脚石。政治上出现的僵化和保守与经济领域的开放和发展成为影响阿根廷社会进步和现代化深入发展中的一个发展性矛盾。

在文化上，20世纪初期的阿根廷也进入了反思阶段。从殖民地时期，尽管西班牙殖民当局对美洲殖民地采取严格的书刊审查制度，禁止"先进的思想渗透到那里，但是它并没有做到"，结果"在布宜诺斯艾利斯、科尔多瓦、丘基萨卡和拉普拉塔总督区及其他大中城市的私人图书馆和大学图书馆里，藏有孟德斯鸠、狄德罗、伏尔泰、卢梭和英国经济学家的著述"[1]。到殖民地末期，法国革命和北美独立运动的爆发进一步推动了启蒙思想在拉普拉塔地区的传播和影响。阿根廷杰出的政治家和思想家萨米恩托写到"《社会契约论》不胫而走，争相传阅"，"布宜诺斯艾利斯自命为欧洲的外延部分，如果不把自己的精神和风尚直视为纯法国或纯北美的，那就是否认自己的西班牙起源"，"布宜诺斯艾利斯展示出了这些思想所赋予的革命能量"。[2]阿根廷独立之后，受到"1837年一代"的推动，欧洲启蒙思想的影响更加明显。阿根廷有识之士都视欧洲国家为之学习的榜样，希望仿效欧洲建立现代文明国家，向欧洲全面开放成为必由之路，追捧欧洲文明也成为一种社会潮流。欧洲文化的进入给阿根廷带来了难能可贵的现代因素，同时也引发了外来文化与本土文化之间的冲突，成为制约阿根廷民族认同感的形成、民族国家统一的深层次矛盾。在20世纪初的阿根廷社会中，解决这一深层矛盾的迫切性也逐渐凸显。

在20世纪初期，阿根廷在政治、经济、文化等领域累积的各种矛盾都亟待解决，这为早期民众主义应运而生培育了肥沃的社会土壤。

---

① 〔苏〕叶尔莫拉耶夫主编：《阿根廷史纲》（上册），生活·读书·新知三联书店，1972年，第92页。

② Domingo F. Sarmiento. *Facuendo or Civilization and Barbarism*. New York: Penguin Books, 1998, pp.113–114.

一、阿根廷现代经济的起步与发展

19世纪70年代以后，受到本国经济资源特点和国际市场需要的双重影响，阿根廷自然走上了出口初级产品，进口工业品的经济发展轨道。阿根廷自独立以来，一直被认为是英国的"非正式的殖民地"，深受英国经济自由主义传统的影响，国家很少干预经济。阿根廷的进出口经济基本上是在完全开放和自由的状态中发展，呈现出"大开大放"的特点。其出口的产品主要是农作物和畜牧业产品，进口的主要是工业品。出口经济是阿根廷经济现代化起步和发展的主导力量。

19世纪20年代初期，阿根廷的经济支柱是养牛业和养马业，主要出口产品是牛皮和马皮。1825年，仅布宜诺斯艾利斯的40多个加工厂一年就屠宰7万头牛，20多年后屠宰厂的年加工能力超过30万头牛和马。[①]当时的阿根廷被称为"皮革的文明"。到19世纪中期，阿根廷的畜牧业出现多样化，养羊业逐渐兴起，羊毛成为主要的出口产品。19世纪六七十年代，阿根廷利用本国地广人稀的特点大力发展养羊业，以满足国际市场主要是欧洲市场对皮毛的需要。以养牛和养羊为主的畜牧业成为阿根廷经济发展的增长点。但是19世纪70年代中期以后，由于国际市场对皮毛需求的减少，皮毛出口国的增加，导致皮张、羊毛等出口牧产品价格下跌，饲养业收益下降。在这种情况下，为了弥补价格下跌造成的损失，使养羊业达到有利可图的唯一办法是花少量的钱甚至不花钱兼并新的土地，稍微追加一些成本来增加牲畜头数，扩大产量，提高收益。因此，兼并新的土地就成为饲养业继续发展的关键所在。当时阿根廷的边境经常受到原始部落的侵扰，严重影响了南部和西部边界正常的生产和生活。消除边境困扰，兼并新的土地成为阿根廷政府的重要考量。在尼古拉斯·阿韦利加总统时期，胡利奥·A.罗加将军于1879—

① 〔美〕乔纳森·C.布朗：《阿根廷史》，左晓园译，东方出版中心，2010年，第108页。

1880 年，对印第安人部落发起了强劲的"征服荒漠"运动，基本解决了困扰阿根廷多年的边界问题。1884 年 10 月 16 日，阿根廷在新征服的土地上建立潘帕斯（La Pampa）、内乌肯（Neuquén）和内格罗（Río Negro）三个省。潘帕斯、内乌肯、内格罗分别拥有 145907 平方千米，109703 平方千米和 196695 平方千米的土地。① 此时，阿根廷的土地已达到 3000 万公顷，成为一个名副其实的幅员辽阔，人口稀少的国家。这些新兼并的土地成为日后阿根廷经济发展的摇篮。

"征服荒漠"为阿根廷经济发展解决了土地存量的问题，但同时又带来了另一个困扰经济发展的难题。与广袤的土地相比，阿根廷的交通运输和基础设施建设就显得格外力不从心。19 世纪 70 年代阿根廷的交通和基础设施还是非常落后的。"当时最重要的商业活动局限在拉普拉塔和巴拉那河口沿海一带以及乌拉圭河可以通航的南部河段"，"由于木材短缺，距离太远，不易在内地建立永久性居民点"，"除了巴拉圭河、乌拉圭河部分河段以及内格罗河外，阿根廷的河流都不通航，铁路刚开始兴建"。② "征服荒漠"中获得的土地基本没有任何铁路或其他现代化的交通设施。落后的交通运输情况限制了阿根廷国土经济价值的充分展示。19 世纪 80 年代以后，铁路交通等公共设施建设成为阿根廷经济发展的当务之急。

阿根廷本国工业基础薄弱，资金短缺，根本无力支持本国基础设施的建设。正如罗伯托·科尔特斯·孔德所说，"像阿根廷那样经济十分原始的国家，资本非常缺乏。本国居民拥有的固定资产是大片土地和城市里的房产，牛是他们的动产。他们的积蓄实际上没有其他出路"，"当

---

① Alfred Hasbrouck. The conquest of the desert, *The Hispanic American historical review*, Vol.15, No.2, May, 1935.

② 〔英〕莱斯利·贝瑟尔主编：《剑桥拉丁美洲史》（第 5 卷），社会科学文献出版社，1992 年，第 339 页。

时阿根廷自身的资本形成能力非常小"。[1] 阿根廷国家政府收入的主要来源是对进出口关税的征收，收入是非常有限的。因此 19 世纪 80 年代以来，阿根廷包括铁路交通等基础设施建设主要是依靠国外资本的投入。

自 19 世纪 80 年代中期到 80 年代末金融危机之前，公共基础建设投资贷款在阿根廷国际贷款总额中所占比重一直都比较高。公共建设投资占贷款总额的比值最大时是 1885 年，达到约 64%，共计 2500 万金比索；1888 年公共建设投资达到最大值，为 9200 万金比索；1889 年所占比值最小，约 20%，但其总额较 19 世纪 80 年代中期并没有明显减少，总额为 3100 万金比索。同时，国际贷款中也有相当大的一部分是专门用于铁路建设。1890 年，铁路贷款在总贷款中所占份额达到最大值，占到 44%，总额达到 2000 万金比索；最小时是在 1886 年，大约也达到 24%，占到 1600 万金比索。从 1885—1890 年阿根廷引进的外资数额都比较高。这些外资主要是投于公共基础设施和铁路建设，这两项占了全部投资的 67%。其中用于铁路建设的专项资金总和是 22700 万金比索，占海外贷款总额的 32%。

表 1.1 1885—1890 年阿根廷的贷款（单位：百万金比索）[2]

	国外贷款总额	公共建设贷款	铁路建设贷款
1885	39	25	12
1886	68	42	16
1887	154	47	38
1888	248	92	89
1889	154	31	52
1890	45	11	20
总额	708	248	227
百分比	100	35	32

资料来源：J.H.Williams. *Argentine international trade under inconvertible paper money 1880-1900*. Harvard, 1920, pp.91, 100, 101.

---

[1] 董国辉：《阿根廷现代化道路研究——早期现代化的历史考察》，世界图书出版社，2013 年，第 83 页。

[2] A.G. Ford. Argentina and the Baring Crisis of 1890. *Oxford Economic Papers, New Series*, Vol.8, No.2, Jun., 1956.

当时进入阿根廷的外资主要是以英国资本为主，英国成为阿根廷的主要投资者。实际上早在 1824 年，英国巴林兄弟公司就开始了对阿根廷的间接投资。"阿根廷统一后，英国对阿根廷的投资开始进入了稳步发展的新阶段，投资方式逐渐由以间接投资为主向直接投资为主转变。"① 从 19 世纪 70 年代起，英国在铁路、公共事业等方面的直接投资就开始增加，在总投资中的比重不断上升。

表 1.2 1865—1913 年英国对阿根廷投资的构成 ②　（单位：1000 英镑）

项目		1865	1875	1885	1895	1905	1913
政府贷款	金额	2 206	16 490	26 681	90 562	101 040	184 593
	比重	81%	73%	58%	47%	40%	38%
铁路	金额	512	5 054	15 293	81 746	120 632	219 235
	比重	19%	22%	33%	43%	47%	46%
公用设施	金额	–	878	1 782	7 056	19 461	35 940
	比重	–	4%	4%	4%	8%	8%
财政	金额	–	130	1 727	6 231	5 440	21 413
	比重	–	1%	4%	3%	2%	4%
原材料	金额	–	50	44	196	1 008	1 374
	比重	–	*	*	*	*	*
工业和其他	金额	–	–	423	5 146	6 936	17 228
	比重	–	–	1%	3%	3%	4%
总计	金额	2 718	22 602	45 951	190 936	254 517	479 783
	比重	100%	100%	100%	100%	100%	100%

* 表示低于 0.5%。

除了英国资本以外，其他欧洲国家和美国的资本也先后进入阿根廷。"还有一点需要强调的是，阿根廷的本国资本在其经济增长过程中也发挥了重要作用，而且其作用也呈现出不断递增之趋势"，"从一开始，阿根廷政府特别强调在外资和私人资本不愿意问津的内陆省份修建国有

---

① 董国辉：《阿根廷现代化道路研究——早期现代化的历史考察》，世界图书出版社，2013 年，第 84 页。

② Alejandro Bendaña. *British Capital and Argentine Dependence.* 1816–1914, New York:Garland Publishing Inc.,1988, p.301；董国辉：《阿根廷现代化道路研究——早期现代化的历史考察》，第 85 页。

铁路"。[1] 到 1885 年，阿根廷国有铁路里程达到 1503 千米。"如果说私人铁路有助于'潘帕斯革命'的话，国有铁路则激发了西部和北部内陆省份的革命。"[2]

由于政府的努力，阿根廷铁路建设在快速发展。就铁路线的长度来说，1870 年铁路线里程为 732 千米，1880 年发展到 2213 千米，1890 年达到 9254 千米，到 1915 年增加到 31408 千米。[3] 同时，铁路运输量也在大幅度的上升，1870 年铁路货运量是 27.5 万吨，1880 年增加到 77.3 万吨，1890 年为 542 万吨，1900 年为 1266 万吨，1910 年是 3256 万吨，到 1912 年增加到 4131 万吨。伴随着铁路建设的发展，其他基础设施也在逐步完善。

19 世纪 80 年代后期，继对皮毛需求下降之后，国际市场对肉类的需求量却有了大幅度的增加。适应国际需求的变化，阿根廷的畜牧业出口产品也转向为肉类的出口。"征服荒漠"为畜牧业发展提供了优质充足的土地，铁路的修建为畜牧业发展提供了可以开发的土地、较为便捷的运输渠道和以移民为主体的"燕子式"的劳动力。80 年代末到 90 年代初，阿根廷引进了肉类冷藏和横跨大西洋的冷藏运输新技术又为阿根廷肉类出口的繁荣提供了技术支持。1877 年第一艘装有冷冻设备的船只将冷冻肉由阿根廷运往欧洲。1883 年第一家冷冻肉工厂在阿根廷建立。20 世纪初开始，冷冻、冷藏技术和设备大量引进。冷冻技术和冷藏运输的引进刺激了阿根廷畜牧业的发展，在阿根廷出现养牛业的高潮。冷冻和冷藏牛肉成为阿根廷主要的出口产品。1900 年阿根廷出口肉类

---

① 董国辉：《阿根廷现代化道路研究——早期现代化的历史考察》，世界图书出版社，2013 年，第 86 页。

② Silvana Alejandra Palermo. *The Nation Building Mission: The State-owned Railways in Modern Argentina,1870-1930*. Ph.D. dissertation , State University of New York, 2001, p.72

③ Winthrop R.Wrigh.Foreign-Owned Railways in Argentina: A Case Study of Economic Nationalism . *The Business History Review*, Vol.41, No.1, Spring, 1967.

中，除了冷冻牛肉外，还有冷冻羊肉和少量的其他肉类。到 1904 年，冷冻牛肉的出口开始超过其他所有肉类的出口。而在此之后，冷冻牛肉的出口逐年增加。1910 年，冷冻牛肉的出口是 250000 吨，同期，冷冻羊肉出口约 55000 吨，其他肉类的出口则更少。1915 年冷冻牛肉的出口约 350000 吨，同期冷冻羊肉的出口略微超过 45000 吨。从 1900 到 1916 年，冷冻牛肉的出口持续增长由 45000 吨增加到 400000 吨，大约增长了 89%。以畜牧业为基础的肉类出口成为 19 世纪末 20 世纪初阿根廷经济生活的重要的支柱。

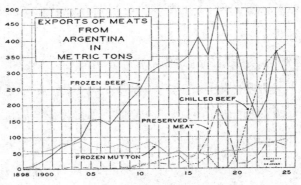

图 1.1 阿根廷肉类出口（单位：吨）①

铁路建设在推动畜牧业发展的同时也给阿根廷农业带来了"春天"。19 世纪 70 年代之前，阿根廷农业生产一直比较落后，主要以玉米种植为主，但其生产仅供国内消费。小麦种植极少，面粉几乎完全依靠进口。70 年代特别 80 年代后随着铁路的开发，阿根廷农业得到了飞跃性的发展。"到 1881 年，越过 1876 年印第安人边界新殖民的地带几乎全部用于养牛。从事种植业的居民比例很小。只是到了后来，在铺设了铁路的地方，种植业才开始扩大，谷物的边界才越过原来养牛的边界。"② "1884 年，

---

① Clarence.F.Jones. Argentine Trade developments. *Economic Geography*, Vol.2 , No.3, Jul.1926.
② 〔英〕莱斯利·贝瑟尔主编：《剑桥拉丁美洲史》（第 5 卷），社会科学文献出版社，1992 年，第 343 页。

布宜诺斯艾利斯省北部较早定居地区的耕地面积约占土地的 7.1%；而在中部和南部地区（其中广大地区是在 70 年代和 80 年代初期兼并的），仅分别为 1.1% 和 0.3%。到 1896 年，北部、中部和南部的耕地面积已经分别占 44.5%、28.3% 和 14.6%，所产小麦的大约 83.7% 和玉米的 53.7% 都经铁路运输"。[①] 阿根廷农业的发展除了铁路建设的带动作用，另外大量移民的涌入也推动了农业种植面积的扩大。当时圣菲省的发展最为明显。1875 年圣菲省谷物种植面积是 52380 公顷，到 1904 年扩大到 1848050 公顷，大约扩大了 35 倍。

表 1.3 圣菲省的谷物种植面积 （单位：公顷）

1875 年	52380
1880 年	168000
1887 年	598500
1895 年	1661300
1904 年	1848050

资料来源：E.Gallo, La pampa gringa (Buenos Aires)p207；E.Gallo, Notas para una historia política de Santa Fe (Santa Fe 1965)p.11.

圣菲省在阿根廷并非个案，农业在阿根廷各地都得到了前所未有的发展。以小麦和玉米种植为例。小麦种植面积在 1872 年是 72000 公顷，1890 年是 1202000 公顷，1900 年是 3380000 公顷，1910 年则增加到 6252000 公顷。玉米种植面积在 1872 年是 130000 公顷，1900 年是 1255000 公顷，1910 年是 3215000 公顷。[②] 此外，阿根廷的农作物种类也在不断增多，在 19 世纪 90 年代之后，大麦、燕麦、黑麦等农作物的种植面积也在增加。与此同时，农作物的出口也在快速增长。以小麦出口量为例。1890 年小麦出口额是 845000 吨，1900 年为 2034000 吨，1910 年是 3973000 吨，1912 年为 5100000 吨。[③] 除了小麦之外，其他农

[①] 〔英〕莱斯利·贝瑟尔主编：《剑桥拉丁美洲史》（第 5 卷），社会科学文献出版社，1992 年，第 343 页。

[②] B.R. Mitchell, International historical statistics –The Americas 1750–1988, p.149.

[③] B.R. Mitchell, International historical statistics –The Americas 1750–1988, p.260.

作物的出口量都在增加。

　　随着农业的发展、农产品出口量的增加，1897 年到 1913 年农产品生产超出畜牧业产品。由图 1.2 可知，1894 年在阿根廷出口贸易中农产品包括小麦、谷物、亚麻籽等占出口额的大约 30％，而到 1903 年，上述产品的出口值占出口总额约 48％。到 1912 年农产品出口占全部出口的 58％，牧产品出口占 39％。

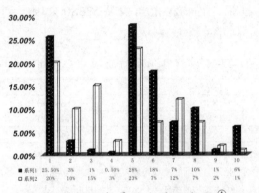

图 1.2 阿根廷贸易的发展和变化 ①

　　注：系列 1 表示 1894 年阿根廷各类出口产品的比值。
　　系列 2 表示 1903 年阿根廷各类出口产品的比值。
　　图中数字 1 到数字 10 分别代表小麦、亚麻籽、谷物、农业中的其他产品、羊毛、皮张、肉类、畜牧业中的其他产品、林业产品、其他产品。

　　阿根廷出口经济更加多样化，与畜牧业产品出口向媲美的农产品的出口也成为阿根廷经济发展的另一根支柱。阿根廷在扩大新出口项目的同时，传统优势产业并没有因此而受到冷落。由于养牛业的发展和壮大，阿根廷大草原上牛的数量在逐年增长。为了满足畜牧业对饲料的需求，在布宜诺斯艾利斯省的养牛业地区，以及科尔多瓦和拉潘帕省过去只经营养牛的地区，现在都种上了苜蓿、玉米和其他饲料作物。"19 世纪末和 20 世纪头 20 年，在原先全部或部分用于养牛的土地上掀起了发展农业的新高

------

　　① 根据 Clarence.F.Jones. Argentine Trade developments. *Economic Geography*，Vol.2, No.3, Jul., 1926 中表格 2 和表格 3 编制。

潮。这个过程有个特点：不是以种植业代替养牛业，而是两者互为补充。大牧场划出一部分土地，出租给佃农生产谷物。"[①] "在阿根廷出口贸易中，肉类开始与谷物并驾齐驱。"[②] 对此维克托·布尔默－托马斯（Vivtor Bulmer-Thomas）说："出口多样化最为成功的事例要数阿根廷。增加新出口品并没有使传统出口品下滑，阿根廷只是扩大了出口的范围。"[③]

19世纪80年代以后，阿根廷的农牧业经济成为本国现代化起步的发动机，是本国经济发展的主力军。得益于优厚的自然资源禀赋，充裕的欧洲劳动力，强劲的外国投资以及欧美发达国家对农民产品需求的日益扩大等等因素，阿根廷以农牧业生产和出口为动力的经济经历了快速发展，也带动了阿根廷现代化的起步和初期发展。

受到经济整体发展向好的带动，其他产业部门也得到了不同程度的发展。初级产品出口部门的发展还推动了早期工业的发展，特别是与出口品联系比较密切的食品加工工的发展。19世纪中叶以前，阿根廷仅有以加工腌肉和皮革为主的工场手工业，而且规模都非常小。因此，在1869年阿根廷进行第一次全国普查时，由于工业部门发展比较稀少而未做统计。随着初级产品出口部门的迅速增长，与之联系效应较为密切的工业部门，如冷藏、加工、交通等部门出现较大的发展势头。1895年阿根廷进行的第二次经济普查表明，全国建立了各种规模的工厂2.4万多个，总投资大约3.3亿比索。1914年进行的第三次经济普查现实，阿根廷的工厂数量达到4.8个，总投资接近18亿比索，工业产值超过18.6亿比索，就业工人超41万。其中发展最快的是食品加工业。此外，阿

① 〔英〕莱斯利·贝瑟尔主编：《剑桥拉丁美洲史》（第5卷），社会科学文献出版社，1992年，第344页。

② 〔英〕莱斯利·贝瑟尔主编：《剑桥拉丁美洲史》（第5卷），社会科学文献出版社，1992年，第362页。

③ 〔英〕维克托·布尔默－托马斯：《独立以来拉丁美洲经济发展》，张凡等译，张森根等校，中国经济出版社，2000年，第72页。

根廷工业用品本地生产满足国内需求的比例也在不断提高。1913 年全国工业消费品的 71.3% 是由本地工厂生产，其中食品本国生产比例是 90.6%，纺织品为 87.9%，建筑 79.9%，家具 70.2%。[①]

尽管阿根廷工业得到了一定程度的发展，然而阿根廷本国工业仍然是以满足日常生活所需为主的轻工业居多。以当时阿根廷经济最发达的布宜诺斯艾利斯为例。1914 年，布宜诺斯艾利斯省 10275 家工业企业中，除了冶金、化工和其他一些企业外，轻工业企业有 7843 家，大约占总数的 76%；从资金上看，轻工业企业所占资金是工业总资金的约 64%；就雇用人数，在轻工业中就业的人数占工人总数的 75%。无论从企业数量、还是资金、雇员人数来看，20 世纪初，阿根廷工业体系依然是以轻工业为主，并没有发展成为具有完整体系的工业生产。虽然就阿根廷工业内部纵向对比来说，19世纪八九十年代以后，工业得到明显发展，但是工业发展的水平并没有引起政府的足够重视。农牧业经济依然是阿根廷政府在经济上的焦点所在。

表 1.4 1914 年布宜诺斯艾利斯的工业部门 [②]

部门	工厂数量（个）	总资本（比索）	雇工人数（人）
食品、饮料、香烟	1603	137148864	25914
服装、皮革产品	2519	91199379	38490
建筑	2067	62365811	23929
冶金	1321	48070614	16243
家具制作	1497	30471494	13979
平面及工业艺术	806	26705216	9,881
纺织	157	26247305	9260
化工业	159	10892605	3120
其他	146	114551460	8463
总和	10275	547652248	149289

Source :Tercer censo nacional 1914.*Buenos Aires: commission nacional del censon*. 1917 ,V.7, pp. 120,319,320.

---

① 董国辉：《阿根廷现代化道路研究——早期现代化的历史考察》，世界图书出版社，2013 年第 76 页。

② Michael. Johns. Industrial Capital and Economic Development in Turn of the Century Argentina. *Economic Geography*, Vol.68, No.2, Industrial Geography.Apr.,1992 .

在 1910 年展览会在开幕式上，阿根廷工业联合会主席路易斯·巴伊彼安南（Luis Baibiene）说工业 "要求被肯定，肯定我们和我们的工作……直到现在还有一些人因为没有注意我们而谴责我们……另一些人则完全忽略了我们"，他说展览会证明了民族工业已经存在，在制定国家政策时必须要考虑工业的发展。财政部长曼乌拉·马里亚·德·伊里奥多博士（Dr. Manual Marí a de Iriondo）回答巴伊彼安南时说："由于独特的自然条件，现在和未来，我们国家都是一个无可争议的主要的农业－畜牧业国家。同样不容怀疑地是在不放弃这个基本特征的前提下，国家也愿意发展成为一个工业国。"[①]

阿根廷政府对不同经济部门的不同态度直接反映在投资的差别上。由表 1.5 可知，工业投资虽然逐年在增加，但是在阿根廷投资结构中一直处于弱势。从投资结构可以看出，阿根廷的工商业在 20 世纪初确实得到了显著发展，却始终没有压倒农牧业经济，成为主导产业。在阿根廷经济结构中，农牧业经济依然是独占鳌头。

表 1.5 1907—1913 年除国家投资之外，布宜诺斯艾利斯
银行和国家银行分别向布宜诺斯艾利斯省各产业部门的贷款额[②]（单位：千比索）

年份	农业	工业	畜牧业	商业
1907	19923	9083	47997	31485
1908	30013	14221	61305	50842
1909	33353	16126	13941	66026
1910	40221	17569	86613	65860
1911	50775	21690	97825	68487
1912	77825	29108	121571	92596
1913	59068	42741	113378	86190

Source: Dirección general de estadística de la provincial de Buenos Aires, Boletin Mensual .

---

① John W. Freels, JR. Industrial Trade Association in Argentine politics: Historical Roots and Current Prospects . *The Americas*,Vol.27 ,No.2, oct., 1970.

② Jeremy Adelman. Agricultural credit in the province of Buenos Aires, Argentina ,1890–1914. *Journal of Latin American studies*,Vol.22, No.1, Feb. 1990.

无论是农牧业还是工业在"美好时代"都得到了空前的发展，阿根廷的国家面貌发生了重大改变。到一战爆发前夕，阿根廷成为当时世界上最富裕、最有希望的国家之一。

综观 19 世纪 80 年代到 20 世纪初期阿根廷经济的发展，农牧业出口经济的垄断地位是在"美好时代"得以确立和巩固。其间阿根廷经济虽然经历了动荡的金融危机，农牧业出口经济受到一定程度的冲击，但是其稳固的"霸主"地位从未受到动摇。

从 19 世纪 80 年代以来，阿根廷经济得到了快速发展。这个时期的经济大发展并不是建立在本国坚实的经济基础之上，而只是在外资注入、国际需求强劲的情况下，农牧业出口经济带动了阿根廷经济的发展。这种发展的动力是单一的即农牧业产品的出口。当阿根廷经济现代化受到繁荣的出口产业刺激而起步和初步发展时，国内其他的经济部门的发展步伐却远远落后与此。随着阿根经济融入世界经济程度的加深，到 19 世纪 90 年代，健全的金融体系对于已经深深融入世界经济体系中的阿根廷经济来说是必不可少的稳定器。但是严重依赖外部因素的阿根廷经济并没有培育出完善的金融体系。阿根廷的金融体系在当时不仅是不健全、不完善的，而且是掌握在外资尤其是英国资本手中。金融机构的落后和不正常的发展大大降低了阿根廷经济抗外界干扰和冲击的能力。另外，当时阿根廷经济的发展过分依赖于外资，经济发展承受着巨额外债负担，经济运行走的是一条"借资发展"和"借资还债"的道路。在这条锁链上任何一个环节出现问题，小则影响经济的平稳正常发展，大则会造成经济发展的入不敷出，债台高筑，最终引发金融危机。1880 年阿根廷政府支出是 2690 万比索，1889 年增加到 10700 万比索。而同时期国家的财政收入却没有同步增长。阿根廷财政收入在 1880 年为 1960 万比索，1889 年则为 7290 万比索，国家收入与支出出现严重的不平衡，财政赤字惊人。1880 年阿根廷进口值是 45500000 比索，到 1889 年，在人口、出口、资金没有相当大增加的情况下，阿根廷国家的进口超过 142000000 比索的货物，其中绝大部分是奢侈品。[①]19 世纪 90 年代，阿根廷出现严重的收支不平衡，弥补赤字只能是依靠举债。1889 到 1890 年在阿根廷出现还债困难的情况下，阿根廷驻伦敦代表维多利诺·德拉普拉萨力争阿根廷的主要债权人——巴林兄弟公司——同意延期还债。但是到 1890 年，巴林公司提出不允许延期付款，现有的贷款也不再转期三个月。巴林公司的声明加剧了阿根廷资金周转的困难，引起了经济恐慌。这次资本周转系统的失调导致阿根廷经历了一场 19 世纪最大的金融危机。1890 年开始的金融危机持续到 1895 年。

金融危机并没有改变国际市场对阿根廷初级产品的需求。以农牧业产品出口为主的阿根廷出口经济仍保持了强劲的发展势头。以小麦出口为例，1888 年小麦出口量为 17.9 万吨，1894 年增加到 160.8 万吨。1891 年阿洛伊斯·弗利斯在写给财政部长比森特·洛佩斯的一份报告中说："出口工作进行的很快，头 4 个月已输出 22 万吨，储存在罗萨里奥和布宜诺斯艾利斯大仓库和备有升降机的大谷仓里的小麦已全部出售到出口商手中。"[②]金融危机极大地冲击了阿根廷进口部门。由于进口量的减少，19 世纪 80 年代开工的铁路建设到 90 年代大部分陷入停顿，直到 90 年代末才开始恢复。同时，政府财政支出也由 1889 年的 5580 万金比索减少到 1891 年 3360 万，在 1895 年以前一直不超过 5000 万，1895 年后开始增加。由于财政支出的减少，国家公共工程陷入不景气状态。如果以 1885 年为基年（=100），公共工程 1891 年的指数是 244，1900 年降到 58。[③]阿根廷的贸易逆差得到缓和。除 1890 和 1893 年之外，在其他年份阿根廷贸易大都处于顺差。1891 年是近 10 年阿根廷贸易第一次达到可喜的平衡，进口值略

---

① 参见 U.S. Consular report, No.138, March, 1892, p.417.

② 〔英〕莱斯利·贝瑟尔主编：《剑桥拉丁美洲史》（第 5 卷），社会科学文献出版社，1992 年，第 360 页。

③ 〔英〕莱斯利·贝瑟尔主编：《剑桥拉丁美洲史》（第 5 卷），社会科学文献出版社，1992 年，第 361 页。

超过 67000000 金比索，出口则超过 103000000 金比索，1899 年顺差达到最大值，高达 68000000 金比索见出口势头高涨是由于前 10 年的投资以及农业技术、肉类存储设备等开始运行。进口减少主要是非生产性的奢侈品减少。但是进口的急剧减少又减少了政府税收，政府的将近一半税收来自关税。[1]但是由于进口减少，汇率提高，工人的实际工资在下降。在对工人需求量加大而实际工资下降的情况下，城市工人运动出现高潮。19 世纪末最为强劲的工人运动兴起于阿根廷。

阿根廷开放式经济发展模式在 20 世纪 90 年代遇到了第一次金融危机。但是阿根廷并没有放弃这种经济发展模式。毕竟是这种发展模式使阿根廷摆脱了经济上的封闭和落后，改变了阿根廷的社会面貌，而且这次金融危机也没有给出口经济造成重大影响。阿根廷于 1893 年摆脱了这次金融危机带来的消极影响。经济危机过后，阿根廷更是巩固以出口农牧业产品为主的经济发展模式。

表 1.6 阿根廷对外贸易[2]　　（单位：百万金比索）

年份	进口	出口	差额
1890	142.2	100.8	−41.4
1891	67.2	103.2	+36.0
1892	91.5	113.4	+22.0
1893	96.2	94.1	−2.1
1894	92.8	101.7	+8.9
1895	95.1	120.1	+25.0
1896	111.2	116.8	+4.6
1897	98.3	101.2	+2.9
1898	107.4	133.8	+26.4
1899	116.9	184.9	+68.0
1900	113.5	154.6	+41.1

资料来源：《阿根廷共和国 1915 年统计摘要》。

---

[1]　John E. Hodge. Carlos Pellegrini and the Financial Crisis of 1890. *The Hispanic American Historical Review*, Vol.50, No.3, Aug., 1970.

[2]　根据〔英〕莱斯利·贝瑟尔主编：《剑桥拉丁美洲史》（第 5 卷），社会科学文献出版社，1992 年，第 357 页表 6 编制。

进入 20 世纪以后，阿根廷真真切切地以农牧业产品出口国的身份进入国际贸易体系中，并且占据了一定地位。农牧业经济是劳动密集型产业而且具有相当大的后向带动作用。20 世纪初期，在农牧业经济蓬勃发展的带动下，阿根廷经济再一次进入高速发展时期。

从 19 世纪 80 年代末开始，阿根廷经济步入持续增长时期，直到 20 世纪初阿根廷经济的现代化得到了初步发展。在经济上，阿根廷出口农牧业产品为主的开放型经济发展模式从 19 世纪 80 年代后期开始形成，中间虽然经过 90 年代的金融危机，但是并没有改变阿根廷经济发展的轨迹。由于开放型经济发展模式给阿根廷带来了前所未有的经济上繁荣和财富，金融危机也没有对出口部门造成重大冲击。因此在金融危机之后，阿根廷非但没有修改经济发展轨迹，反而更加巩固和发展了开放型经济发展模式。这样阿根廷"大出大进"开放型经济发展模式最终确立。阿根廷最终是以农牧业产品出口国、工业品和原材料进口国的角色进入了国际经济体系。农牧业确立了在阿根廷经济体系中的主导地位，成为阿根廷的经济支柱。

伴随着农牧业出口经济的发展，与之相关的、为之服务的其他产业也逐渐在阿根廷出现、发展。这些新兴产业一方面是依赖于农牧业经济，成为农牧业经济的下游经济，另一方面又是农牧业经济完善和发展所必不可少的辅助性产业。农牧业出口经济发展的同时也为这些相关产业的发展提供了机遇和空间。这些产业的发展丰富了阿根廷经济生活，推动了阿根廷经济结构的相对多样化。阿根廷经济结构和经济生活的变化既是阿根廷经济现代化起步的结果，又为阿根廷经济现代化的深入发展提供了有利和相对宽松的经济环境。在阿根廷，经济现代化发展的推动力是农牧业经济的发展和繁荣。农牧业经济在阿根廷经济体系中占有不可动摇的最高地位。借农牧业经济发展之势而兴起的其他经济部门也被卷入了阿根廷经济现代化大潮中。这些部门在经济实力和经济地位上虽然与农牧业经济无法相比，但是它们毕竟也是阿根廷现代经济体系中有机的组成部分，是阿根廷经济发展中的一股力量。随着经济现代化的深入发展，这些产业的经济实力也有了显著提高，成为农牧业经济以下的又一股经济势力，并与农牧业经济一起构成为阿根廷经济的弄潮者。

二、阿根廷寡头政治的发展与失控

国家动荡不安，考迪罗混战不休是独立之后很长一段时间内阿根廷国家政治的主旋律。1862 年巴托洛梅·米特雷当选阿根廷共和国联邦总统之后，通过改善布宜诺斯艾利斯与各省之间的关系，平息叛乱，结束了独立后长期的动乱和分裂局面，基本实现了"民族团结"的政治目标，阿根廷成为一个真正统一的国家。经过萨米恩托和阿维利亚内达两届政府的不断努力，阿根廷在政治上为现代化进程的启动创造了条件。

1880 年阿根廷举行总统选举。当时阿根廷政坛分裂为两派，一派是支持"荒漠远征"的英雄胡里奥·A. 罗加将军，另一派是支持布宜诺斯艾利斯省省长卡洛斯·特赫多尔。在财力上并不占优势的罗加却最终赢得了竞选。各省实力派的支持是罗加战胜特赫多尔的关键。在竞选中，罗加提出加强中央政府的权力是解决阿根廷政治问题的唯一办法。政治稳定是吸收外资、发展经济的前提要求。强有力的中央政权的建立会消除了阿根廷自独立以来的动荡和不稳定，为农牧业经济的发展创造良好的国内和国际环境。罗加对阿根廷未来的这种规划给了地方农牧业主以信心进而赢得了强有力的社会支持。以大农牧业主为主的地方精英成为罗加政权的主要社会基础。因此无论是在延揽选票还是稳定政局中，地方精英对罗加政府的支持功不可没。地方精英可以给予罗加有力支持的原因一是当时阿根廷人口和选民分布的特点，二是当时阿根廷的选举环境。

就当时阿根廷的人口分布状况来看，地方各省是阿根廷选民的重心所在。1869 年第一次人口普查显示，阿根廷 75% 的人口居住在农村，25% 的人口居住在城市。75% 的农村人口中几乎有 3/4 是阿根廷的合法公民。而这 25% 的城市人口主要集中于以布宜诺斯艾利斯为代表的沿海各城市中，而且主要是以欧洲移民为主的城市劳工。这些移民大多没有加入阿根廷国籍，并不具有阿根廷公民的身份。阿根廷从 1853 年到 1910 年，选举人资格要求是 17 岁以上的男性公民。因此当时有相当一部分城市人口是没有选举权的。而人口较为集中的农村地区也就成为选民的重心所在。农村选民的数量以绝对优势超出了城市选民。

另外，当时阿根廷的选举也不是强制性的，对选民的姓名、地址、职业、年龄和文化程度进行自愿登记。登记是每两年一次。合法的选民只有自愿登记了才拥有了行使选举权的资格。参与登记和参加选举都是自愿的。在农村中，地方精英是当地政治的主宰者，包括选举在内的地方政治无不受到精英层的操控。地方精英通过复杂的互惠制度控制了省一级的选举，其选举结果也大多符合精英的政治倾向。在地方精英的操控下，农村选民的投票率一直比较高。与之相比，城市选民则呈现出一种不同的状态。在没有保障、没有约束的选举环境中，有限的城市选民可以真正参与选举的比例是非常低的。城市选民的投票率一直在低水平上徘徊。

阿根廷人口分布的特点以及松散的选举环境大大地降低了城市选民在阿根廷政治选举中的重要性。这也为地方精英支持罗加提供了条件。在选举中，地方实力派对罗加的支持表现为农村选民投给罗加的支持票。数量上占据优势的农村选民就成为罗加选票的主要来源。与之相比，布宜诺斯艾利斯的选票则大多数投给了特赫多尔。事实上无论是在竞选中还是执政时期，罗加一直不是很重视城市的选民。著名历史学家多纳·盖（Donna Guy）曾经说过"通过朋友和亲属关系，罗加编制了一个政治关系网，包括地方寡头势力，这个网只受到有限选举的支持，参与这种选举的是没有受过教育的选民……"[1] 在一定意义上可以说，罗加的成功正是得到了控制选票的地方实力派的支持。1894 年布宜诺斯艾利斯省一名很有影响的地

---

[1] Donna J.Guy. Argentine sugar politics :Tucumán and the generation of eighty. (tempe,1980). p32. Cited from Jonathan C. Brown. The bondage of old habits in nineteenth-century Argentina. *Latin American research review*, Vol.XXI, No.2, 1986.

方实力派人物曾说："我们惯常所称的省联盟（布宜诺斯艾利斯民族自治党的名称）由两部分人组成：一部分是门面上的人，是居住在布宜诺斯艾利斯城内的不在地地主，他们善于交际，在城里的影响大于农村；另一部分是真正具有战斗力的选民，也就是我们。我们这些人……一直在省里进行斗争……我们尊重那一部分人的门面上的价值，但只是在农村的实际利益，即本省党的真正利益受到重视的时候，才尊重他们。"①

尽管地方精英是罗加政权的基础，罗加的获胜也没有完全脱离布宜诺斯艾利斯的支持。虽然布宜诺斯艾利斯的多数公众支持特赫多尔，但罗加在该省政界和经济界的重要人物中间赢得了强大的同盟军，包括布宜诺斯艾利斯的许多自治党人和米特雷将军的一些支持者。罗加提出的加强中央政府的权力也正好迎合了布宜诺斯艾利斯的一些老自由派的心意，"现代共和主义的口号并不（像'博爱、平等、自由'）那么崇高庄严；他们的口号是和平、安宁、自由"②。罗加在布宜诺斯艾利斯也得到了社会上层人士的支持。所以说罗加的获胜与之前的罗萨斯执政有着本质的区别。罗加赢得选举并不意味着某个地方考迪罗的胜利，也并不意味着是地方对布宜诺斯艾利斯省的胜利。罗加政权的支持者是阿根廷国家中的一个阶层，而非特定地区的某些人。这个阶层是当时阿根廷经济的掌舵者，以地方的农牧业主和布宜诺斯艾利斯的大地产者为主的一个雄心勃勃、充满希望的阶层。因此，罗加政权的建立昭示着阿根廷政治从考迪罗时期进入"精英民主制"又被称为"寡头政治"时期。这也是"罗加对特赫尔的胜利，在阿根廷历史上是具有划时代的重要意义"③

① 载阿根廷《新闻报》1893年11月20日，转引自〔英〕莱斯利·贝瑟尔主编：《剑桥拉丁美洲史》（第五卷），社会科学文献出版社，1992年，第390页。
② 〔英〕莱斯利·贝瑟尔主编：《剑桥拉丁美洲史》（第5卷），社会科学文献出版社，1992年，第372页。
③ 董国辉：《阿根廷现代化道路研究——早期现代化的历史考察》，世界图书出版社，2013年，第89页。

的原因所在。

1881 年罗加在宣誓就职讲话中更加明确阐明了自己的主张："我们好像是个刚诞生的民族，因为你必须为构成这个国家的属性、资源和权力的一切制定法律。"[1] 此后罗加采取了一系列向中央政府大规模转移权力的政策，例如布宜诺斯艾利斯联邦化，完善中央公共管理体制，加强国家对政治和社会生活的管理、建立阿根廷最早的全国性政治组织——民族自治党来为政治稳定奠定基础。"80 年代通过的这些法律巩固了中央政府的权威，使控制权牢牢地掌握在全国行政首脑手中。在某种意义上，后来实行的总统制只是把 1853 年的宪法设计师们最初宣布的想法付诸实施而已。"[2]

通过一系列措施，罗加确立了一种以农牧业精英阶层为基础，以民族自治党为组织的寡头政治。寡头政治是在全国行政首脑得到公认的最高地位、各省领袖和考迪罗的权力相对下降的情况下建立。这种政治形式在权力交替时，在避免出现政治混乱上发挥了关键性作用。"当省长或者总统可能无法连任时，地方势力所控制的选举机制就对他们的竞争对手施以广泛的影响力以此来降低非法连任或者加强修宪影响来使得连任成为可能。同时一旦他们卸职，大量的原省长和总统都进入像参议院这样的机构中。在那里，他们依然可以发挥其政治影响或等待他们可以再次当选。"[3] 此外精英政治有力地阻止了权力在代表不同经济和政治利益的党派之间真正地交替，却有效地控制了权力在精英层不同派别之

[1] H.Mabraganña, Los Mensajes. *Historia del desenvolvimiento de la Nacion Argentina redactada cronologicamente por sus gobernantes, Tomo4: 1881–1890*, Buenos Aires, 1910, p.1.

[2] 〔英〕莱斯利·贝瑟尔主编：《剑桥拉丁美洲史》（第 5 卷），社会科学文献出版社，1992 年，第 373 页。

[3] N.Botana. *El orden conservador :la politica Argentina entre1880y1916*. Buenos Aires, 1985 pp.110–112. cited from Gabriel L.Negretto and Jose Antonio Aguilar-rivera. Rethinking the legacy and the liberal state in Latin American :the cases of Argentina (1853–1916) and Mexico (1857–1910). *Journal of Latin American studies* ,Vol.32, No.2, May, 2000.

间的循环。在寡头精英政治的运行中，民族自治党发挥了现代政党的组织、协调功能。然而"罗加的民族自治党建立在妥协的基础之上。这种妥协不是基于意见一致而是基于利益相同。因为它没有纲领，没有明确的思想立场，没有固定的组织"①。

在寡头政治时期，虽然地方势力与中央权威的关系具有一定的相互依赖性，但是他们并不是平等的伙伴关系。中央政府对地方还是具有相对较大的独立性和权威性，尤其是在强力派人物罗加统治时期。首先较地方势力来说，总统手中握有更多可以利用的资源。其中最为重要的是罗加建立了当时阿根廷唯一的武装力量——国民军。除特殊情况外，国民军成为中央政权坚定的支持者。在行政上，中央政府取得了"联邦干预"的权利，最高行政首脑甚至在议会休会期间也有颁布干预法令的权力。这些权力是地方势力所不具有的。这也在某种程度上赋予了中央最高统治者对地方势力更强硬、更有效的支配和控制权。然而不能夸大中央的控制力，更不能据此将当时的阿根廷政治理解为是中央集权制。中央对地方的控制是有底线的，是绝对不能威胁到地方势力集团的现实经济利益。在不触犯他们的根本经济利益的情况下，包括"联邦干预"在内的总统权力才能起到了打击地方"不安分"的势力，确保国家稳定的作用。因此杰出的政治家奥斯瓦尔多·马尼亚斯科将联邦干预目的理解为："压制某种势力或者重新恢复某种势力；建立一个能够保证最高行政长官国内地位的地方政府，或者推翻一个反对中央政府的地方政府。"②

总统权力在打击了地方"不稳定"的势力，消除了那些蔑视中央政府或者试图通过入侵、干预其他省份地方事务建立地方领导权的老式"考

---

① David Rock. *State building and political movement in Argentina 1860–1916*, California:Stanford university press, 2002, p.166

② 〔阿根廷〕J·伊拉苏斯塔：《19 世纪与 20 世纪之交》，布宜诺斯艾利斯，1975 年，第 169 页。转引自〔英〕莱斯利·贝瑟尔主编：《剑桥拉丁美洲史》（第 5 卷），社会科学文献出版社，1992 年，第 387 页。

迪罗"。19 世纪 80 年代之后，农牧场主几乎统一了他们的政治观，"无论他们个人对民族自治党政府的感情如何，他们认识到挑战政治精英是一件困难的事。牧场主也清楚地认识到，19 世纪 80 年代为经济（商业）而不是政治提供了更多的机会"①。

寡头政治的建立不仅保证了阿根廷国家权力牢牢地控制在以大农牧业主为主体的上层精英手中，而且通过国家权力在上层内部的交替平衡了大农牧业主之间争权夺利的矛盾，进而稳定了这种精英政治。"在这个时期内，寡头政治这个词是以它典型的政治含义来使用的"。自治党人统治 36 年，产生了相对稳定的政治和法律体系，为经济和社会的迅速和持续发展提供了一个先决条件。

罗加建立的寡头政治为阿根廷政治带来了难得的稳定时期，为经济和社会的发展创造了条件，也给日后阿根廷政治的巨大动荡埋下了伏笔。

寡头政治的经济基础是以农牧业产品出口为主导的经济模式，其社会基础则是阿根廷的大农牧业主。这部分人是罗加政权的有力支持者和既得利益者，也是阿根廷政治的主要参与者和主导者。在寡头政治时期，阿根廷的政治结构逐渐形成了一个较为封闭的体系。普通民众被排斥在政治权力之外，农牧业精英在政治上表现出浓厚的政治独占性。正当阿根廷的政治精英们陶醉于政治稳定、经济繁荣时，19 世纪 90 年代，一场毫无准备的经济衰退袭击了阿根廷。1890 年开始的金融危机持续到1895 年。受到此次危机的冲击，阿根廷社会矛盾激化，不满情绪加剧。就如何应对由经济危机带来的社会、政治危机，民族自治党内出现分歧，并且逐渐明朗化。

其实早在 19 世纪 80 年代末与智利发生边境冲突时，阿根廷上层精英中以布宜诺斯艾利斯市为依托的一派政治家就意识到普通民众对寡头

---

① Roy Hora. *The landowner of the Argentina pampas : a social and political history 1886–1945*, New York : Oxford university press , 2001, p.84.

政治的不满。这部分人以政治家卡洛斯·佩列格里尼为代表。虽然在此之前，佩列格里尼与其他政治精英一样表现出对阿根廷选民的不信任，坚决反对任何政治改革，坚持参政范围的有限性。但是在与智利的边界冲突中，阿根廷国内出现的大众示威、军国主义宣传等都对佩列格里尼产生了很大的触动。从此，佩列格里尼的政治观念发生改变，从一位现存政治体系的维护者逐步转变为政治批评家。在佩列格里尼的召集下，一些青年人开始讨论政治，讨论民主。19 世纪 90 年代的这场金融危机将佩列格里尼的追随者又一次推上了风口浪尖，成为阿根廷社会关注的一个焦点。这部分人对阿根廷的社会变化持肯定和接受的态度，主张通过适度地改变寡头政治的统治形式来适应变化了的阿根廷社会，最终达到稳定统治。

与此同时，阿根廷政治精英中的保守顽固派势力更加坚定地认为现有寡头政治是阿根廷经济繁荣、社会进步的保证，是不能轻易做出改变的，认为当前政治上的危机是可以通过更换领导人来解决。顽固派普遍坚持认为普通民众是不可信任的，因此阿根廷的大部分公民根本不具有行使公民权尤其是选举权的能力，给予他们政治权力甚至给予他们选举权对国家来说是非常危险的。事实上，这种对普通民众的怀疑思想在阿根廷是根深蒂固的，是"1837 年一代人"有关"文明与野蛮"的定义在新时代人身上投下的阴影。"1837 年一代"就表现出对普通民众的蔑视，认为阿根廷民主制中的"那些缺陷的根源是人民中间长期存在的积习，因此治愈政治顽疾只能缓慢从事，循序渐进"。这种思想一直萦绕着阿根廷社会上层，成为一种阶级文化，即确信国家的政治权力就应该被一部分有能力人掌握。持有这种对民众不信任思想的顽固派坚定维护罗加开创的以内地省份势力为基础的寡头政治。

在经济危机的冲击下，改革派和顽固派的斗争日渐分明。在华雷斯·塞尔曼（Juárez Celman）总统 (1886—1890) 任期，阿根廷政府试图寻求通过谈判吸纳持不同政见的贵族，以避免选举程序被彻底打破。
1902 年罗加内政部部长若阿金·V.冈萨雷斯（Joaquín V. González）提
出一项选举法，目的是为了消除选举中的欺骗行为和对选民资格上的控
制，这项提案包含了普选的大部分原则。1906 年曼努埃尔·金塔纳（Manuel
Quintana，1904—1906）突然去世，改革派副总统何塞·菲格罗亚·阿尔
科塔（José Figueroa Alcorta）继任总统 (1906—1910)，开始尝试改革。
阿尔科塔的努力受到保守派的强烈反对，国会成为反对总统的中心，
1908 年这种的声音达到顶峰。[①] 这些试图从统治集团内部改善阿根廷政
治，缓解矛盾的努力最后都在反对声中消失。改革派的这次努力失败了。

　　然而阿根廷政治领域的分歧并没有因此次改革派的失败而消除。随
着阿根廷现代化的发展，这种分歧更加明显，成为阿根廷政治危机中重
要的一支。这种分歧首先表现为政治精英中的改革派始终存在，并且不
断提出改革阿根廷的政治环境的要求。改革派的持续努力为培尼亚当选
为总统打下了政治基础。这种分歧的另一个表现在于农牧业主内部中小
农牧业主与大农牧业主之间对政治环境和政治权力的不同认识。阿根廷
有产者中的农牧业精英即大农牧业主享有真正的政治权力，而对于中小
农牧业主来说并没有什么实际权力，他们只能随大农牧业主的潮流而动，
只能是被动地接受农牧业精英所制定的政治、经济秩序。这部分人看似
属于社会上层，但是并没有进入权力核心，对国家经济利益和政治权力
的分配只能接受，没有决定的资格。对于这部分人来说，保障自身利益
的唯一途径就是站在不同利益集团。当权利争夺时，他们成为拉拢的
对象；当权利分配时，他们则处于利益的末端；当所属集团失利时，他
们则成为替罪羔羊。因此这部分人实际上是社会上层中被边缘化的群体。

---

① Gabriel L.Negretto and Jose Antonio Aguilar-Rivera. Rethinking the Legacy of the Liberal
State in Latin America: The Cases of Argentina(1853–1916) and Mexico (1857–1910). *Journal of Latin
American Studies*, Vol.32, No.2 , May, 2000 .

在经济上，他们是阿根廷自由主义的忠实维护者。在政治上，他们虽然得益于寡头政治，但是对于当前的尴尬地位极为不满。这部分人最为迫切的期望就是摆脱这种政治上的弱势，可以分享更多、更为实际的国家权力。最初，这部分人希望在国家体制之内，通过渐进的方式逐步改变被动的局面。但是当权力分配规则被固化、体制之内渠道被阻塞时，其经济利益尤其是政治诉求无法通过合法的手段得到解决时，矛盾必然激化。这种矛盾通过何种方式来表达势必对阿根廷政治生活产生强烈的冲击。改革派与顽固派、中小农牧业主与大农牧业主之间的这种体制之内的矛盾和不满构成阿根廷政治危机的重要一环。

除此之外，阿根廷政治领域的危机还来自中产阶级的形成与发展。阿根廷的中产阶级与移民有着密切关系。从独立初期的里瓦达维亚政府开始，阿根廷就重视引入欧洲移民。19 世纪中期阿尔韦迪更是提出"治国之道在于移民"，阿根廷成为仅次于美国的世界第二大移民国家。但是第一代移民来到阿根廷梦想着发财之后返回母国，仅仅将阿根廷看作是发财致富的暂居场所，并没有想成为阿根廷公民，对阿根廷政治也是关心甚少，其政治影响力自然微不足道的。然而大部分移民未能衣锦还乡。经过几代人的发展，在城市商业、服务业等部门中谋生的移民后代积累了一定经济基础，占据了较为稳固的地位。根据阿根廷法律，只要出生在阿根廷国内的人就自然成为阿根廷的公民。大量移民的后代在经济上取得了发展的同时在身份上也成为阿根廷天然的公民。这部分移民的后代成为阿根廷中产阶级的主体。他们的社会地位超过了前辈，主要是从事各种专业的技术人员、公共管理的文员、私营部门的白领阶层，以及较大规模的工厂主，等等。这部分人虽然祖籍在欧洲，但是他们又是阿根廷社会中经济地位不断上升的合法公民。他们既不同于阿根廷农牧业主，又不同于农村的依附劳动力，而是阿根廷现代经济发展的产物。根据阿根廷人口普查所做粗略计算，中产阶级人数由 1869 年占人口的 12%~15% 提高到 1914 年 35%~40% 左右。到 1914 年被雇用的移民中至少有 20% 进入社会中层，其中欧洲移民占共和国中层的 46%。[1] 在 1895—1914 年期间大约有 1/5 的城市工人也上升到社会中层。[2] 到 19 世纪末和 20 世纪初，在阿根廷形成了一支在拉丁美洲人数最多、最有发言权的中产阶级。中产阶级成为阿根廷新兴崛起的一股社会力量。在获得较为稳定的经济地位之后，中产阶级开始将目光转向政治领域，渴望获得政治上的权力和自由。他们中很多人具有强烈的政治参与意识。然而在以"精英民主"为特征的寡头政治中，阿根廷的中产阶级并没有参与国家政治的有效途径。中产阶级的兴起及其对国家政治权力的渴望给阿根廷政治带来了巨大的变化。

对寡头政治产生冲击的还有一支新兴力量即工人阶级。阿根廷的产业工人主要是外国移民，在身份上与早期移民很相似，他们并不是阿根廷的合法公民。与早期移民不同的是他们来到阿根廷的时机不同。这部分移民是在土地价格高涨之后来到阿根廷的，因此大多数都无力购买土地，只能在刚刚发展的工业企业中谋生。随着阿根廷经济的发展，产业结构的多样化，工人阶级队伍也从无到有，从少到多。在 1887 年布宜诺斯艾利斯市有 6000 家工厂，85% 是大型企业，雇用 35000 名工人，或者是从事经济活动人口的 18%。到 1914 年布市 10000 家企业雇用 150000 名工人，大约是城市劳动力的 30%[3]。这部分人并不是以旧式的农业工人或者手工业工人的身份进入阿根廷，而是以现代工人的身份进

---

① This percentage was computed from date in argentine republic, Tercer enso acional IV, 383–395.cited from Carl Solberg. Immigration and Urban Social Problems in Argentina and Chile,1890–1914. *The Hispanic American Historical Review*, Vol.49, No2, May, 1969.

② Information on social mobility is in Gino Germani. La movilidad social en la Argentina. in Seymour Martin Lipset and Reinhard Bendix,Movilidad social en la sociedad industrial ,Buenos Aires 1963,p321/324.cited from Carl Solberg. Immigration and Urban Social Problems in Argentina and Chile,1890–1914. *The Hispanic American Historical Review*,Vol.49, No2, May, 1969.

③ Michael. Johns. Industrial Capital and Economic Development in Turn of the Century Argentina. *Economic Geography* ,Vol.68, No.2, Industrial Geography, Apr., 1992 .

入阿根廷，对经济利益更加敏感。在阿根廷这样一个外籍工人占多数的特殊国家中，工人阶级最关心的是自己的经济利益能否得到实现，而政治上的目标并不是很明显。为了保护自身利益，工人阶级通过社会党、无政府主义、工团主义等组织形式以自己的方式来对当政者提出挑战。当时阿根廷的工人阶级还没有要求通过政治途径来保护本阶级的经济利益，只是通过一次次孤立的不成体系的罢工来引起当局的重视和警惕，迫使当局通过经济妥协来安抚工人。1912 年国民参议会的一位保守派议员贝尼托·比利亚努埃尔瓦建议打开一个安全阀，允许两三个社会党人参加国民议会，特别是在当时工人阶级发生骚动而关于罢工的立法即将讨论的时候。工人阶级的觉醒推动了保守派改变统治方式，这也为选举法改革的实现起到了摇旗呐喊的作用。

阿根廷中产阶级和工人阶级作为"非贵族"的民众势力的崛起是阿根廷现代化发展的产物和结果。寡头政治的建立为阿根廷经济的发展创造了稳定有利的国内环境；再加之，19 世纪末 20 世纪初，国际市场特别是欧洲市场对阿根廷出口的农牧业产品具有较大的需求，为阿根廷经济的发展提供了广阔的市场。在国内和国际有利的环境中，阿根廷的经济现代化开始起步并且得到了初步的发展。经济突飞猛进的发展从根本上改变了阿根廷社会的面貌。随着阿根廷经济结构的多样化和细化，社会结构也呈现出复杂化。中产阶级和工人阶级正是这种社会结构复杂化的产物。但是阿根廷的寡头政治却并没有随之发生相应的转变，当权的保守派固守着"老皇历"，坚持政治上的排他性和独占性。阿根廷政治上的封闭和僵化与经济上的开放和流动之间的矛盾渐趋突出。中产阶级和工人阶级是阿根廷经济现代化的产物，也是阿根廷经济发展不可缺少的力量。但是阿根廷的政治体系却对以中产阶级和工人阶级为主体的民众势力紧闭大门。对民众势力尤其是对中产阶级来说，这种经济实力与政治地位的反差是无法长期容忍的。民众势力的不满终于在寡头政治的后期得以爆发。

　　在阿根廷政治生活中也曾存在过一些反对党。这些反对党大多代表着保守派内部不同利益集团，是保守派内部的分歧。在寡头政治时期，阿根廷的反对党大部分也只是昙花一现，最终或因为利益得到满足而自行解散或与当政的保守派集团妥协。作为反对党之一的公民联盟成立于1890年，但不久也分裂成两派：米特雷领导的全国公民联盟和莱安德罗·阿莱姆领导的激进公民联盟。全国公民联盟走上了与当局合作的道路，失去了反对党的作用。激进公民联盟也是几经变故。在1896年阿莱姆自杀后，其外甥伊波利托·伊里戈延成为激进公民联盟的领袖。激进党提出诚实、公平选举，建立有效负责的政府，反对选举舞弊等主张。激进党的主张恰好为中产阶级进入主流领域提供了机会。阿根廷的中产阶级也曾试图通过组建政党来参与政治。然而中产阶级毕竟是阿根廷的新兴势力，在政治上是"门外汉"，没有自己的基础和阵地。与建立自己的政党相比较，寻求同盟和合作者对中产阶级来说是最便捷的方法。

　　激进党的主张很快就受到了中产阶级的青睐。虽然激进党中不乏大量被边缘化、对大农牧业主独占政治权力不满的"贵族"成分，但是中产阶级在其中发挥了关键性作用。在激进党中有32%是确确实实的贵族，17%有可能是贵族，51%是非贵族。[①]得到中产阶级支持的激进公民联盟逐渐发展成为阿根廷政坛上最具竞争力的反对党。不容回避的是激进党毕竟脱胎于一支保守派的政党，保守派的影响在党内并没有消失，这就导致了激进党与保守派之间有着千丝万缕的联系，为日后激进党在政策上的左右摇摆和动荡埋下了根源。

　　激进党无论在宣传还是行动上都不断地对当时的政治环境提出挑战。通过多次多种形式的斗争，激进党的纲领和宗旨得到了广泛的宣传。1904年9月英国大臣曾指出"不忠诚"的政治家正在发展。根据他的

① Richard J.Walter. Politics parties, and elections in Argentina's province of Buenos Aires 1912–42. *The Hispanic American history review*, Vol.64, No.4, November,1984.

观点，这个国家"绝对不会远离革命运动。在没有自由选举的情况下……权力的转化只有一种方式即必须通过暴力……当在野党认为它该成为执政党时，这个时刻一定会或迟或早的到来"①。1905年2月4日激进党再一次组织了武装斗争。虽然无果而终，但是在革命中激进党提出的口号直指寡头政治的核心即选举制度。反抗者宣布他们的目的是摧毁"统治国家长达30年的令人讨厌的政府，革命的口号是体制改革、自由选举、诚实政府"。1905年革命更深层次的意义在于舆论影响及其对寡头政治所造成的舆论压力。激进党的宣传和暴动震动了阿根廷政治领域。自建立之初，"精英民主"就被固化为阿根廷天然合法的政治形式。即使对寡头政治存在不满也只是保守派内部因为利益分配而产生的分歧，对于寡头政治合法性从来没有人产生怀疑。激进党提出诚实、公平选举就从根本上否定了寡头政治是建立在合法选举之上，对其合法性提出强烈质疑。激进党的政策、主张对保守派的寡头政治是一个巨大的挑战。

1905年的反抗不仅震动了当政者，也推动了阿根廷政治家对国家政治的探索。1905年革命之后，佩列格里尼指出这次叛乱证明了他的观点的正确性，即没有一个广泛代表性的政府将导致革命。他指出只有国家的繁荣才能阻止民众对叛乱的支持。国家需要发展成为"一个富强的有机体"，实现这一目标只有通过开创"有效的民意和由大众支持和选举的政府"。②1906年5月时任总统阿尔科塔宣布自己是改革者，承诺支持"自由选举、民主讨论、建立代表不同利益团体和思想的政党"③。对此有学者指出"二十多年来，激进公民联盟一直在要求进行选举制度改革，有时还为之战斗；许多政治家一直在谈论改革；阿尔科塔担任总

① Grahame to Lansdowne, No.59 (confidential), 14, September, 1904, FO 6–285, PRO, In David Rock.*State building and political movement in Argentina 1860–1916*. Californi:Stanford university press, 2002, p.193.

② La Nación,5, April,1905.

③ La prensa,13, May, 1906.

统时指明了改革的方向"。阿尔科塔得到了佩列格里尼和罗克·萨恩斯·培尼亚领导的改革派的支持。培尼亚认为，动荡和不稳定是最大的危险，民主是避免这些的最佳途径，指出"在秩序中完善我们"。他认为政治秩序是继续经济发展所必需的，"如果说我们开始自我标榜，那是因为我们已能够显示国民政府压倒一切的力量，启发一种安全感、和平感和信任感。我不会支持压迫，但我谴责革命……我不相信我们能巩固我们目前的地位，除非我们在有秩序的气候下完善我们自己"。[①]1905 年之后，要求改革选举法的呼声不断高涨，在阿根廷上层中，改革派的势力逐渐压倒了顽固派势力。1910 年改革派培尼亚当选为阿根廷总统。当阿根廷寡头政治发展到培尼亚总统时期，阿根廷社会矛盾更加尖锐，民众势力对寡头政治的冲击和挑战已经不容许培尼亚总统闭目塞听了。阿根廷保守派统治的改革也成为势在必行了。

作为改革派，培尼亚当选为总统之后着手阿根廷政治的改革。一方面对民族自治党进行改造，将之更名为保守党；另一方面就是进行选举制度的改革。培尼亚总统在国会中的一名支持者拉蒙·卡卡诺在谈到激进党时说："20 年来，我们存在着一个有组织而很得人心的、生机勃勃的党，它把选举自由作为它的旗帜，并公开支持革命，认为它是实现其理想的唯一道路……在一代人的时间内，政府和国家都不得不镇压叛乱，或者担心叛乱迫在眉睫……改革选举制度……就是在这关键时刻实现国家赖以团结的唯一政策：解除武装的政策，消除选举中的弃权行为和叛乱；将所有积极的政治力量都吸收到选举过程中来。"[②]除了让激进党满意外，改革目的还在于给温和的工人组织，特别是社会党一个取代无

---

① 〔阿根廷〕罗克·萨恩斯·培尼亚：《罗克·萨恩斯·培尼亚博士就任国家〈总统时的演说〉》，布宜诺斯艾利斯，1960 年，第 40 页，转引自〔英〕莱斯利·贝瑟尔主编：《剑桥拉丁美洲史》（第 5 卷），社会科学文献出版社，1992 年，第 434 页。

② 众议院《会议日志》1911 年，第二卷，第 160 页，转引自〔英〕莱斯利·贝瑟尔主编：《剑桥拉丁美洲史》（第 5 卷），社会科学文献出版社，1992 年，第 435 页。

政府主义派的机会。对于当权者来说，无政府主义的威胁性远远大于温和的社会党。当时培尼亚总统面对的极大挑战是劝说持怀疑态度和极保守的国会接受这场对他们的权力和事业有潜在威胁的改革。他强调改革的作用是保护保守派利益。在每一次机会中政府部门的每个人都强调他们的目的是为了保持稳定。他们的主要目标是将长期具有威胁性的激进党纳入政治体系中。国家为了避免自下而上的政治变化而进行自上而下的和平改革。

为此以培尼亚为首的改革派决定通过适当扩大选民数量来扩大政权的基础，增加保守派政权的合法性，以抵制来自激进党的挑战，巩固政权。在这样的背景下，阿根廷进行了选举法改革。1912 年 2 月 13 日国会审议通过《萨恩斯·培尼亚法》。《萨恩斯·培尼亚法》从两方面对阿根廷民主政治产生了实质性的影响。新选举法的第一个突破在于"使得成年男性的投票权变成强制性的，这样就会大大提高选举时的投票率，而各省警察实际上是过去选举舞弊的一个重要工具，如今由军队取而代之，在很大程度上会降低选举受政府操纵的可能性"，另外"新选举法改变了'赢者通吃'的多数制，规定每一个参选政党提交一份不完全的候选人名单，得票最多的政党可以占据议会 2/3 是席位，另外 1/3 由得票居第二位的政党获得。这样就避免了一党完全把握议会的局面，使议会有了更大的代表性"①。新选举法的通过也为阿根廷政治由"精英民主"向代议制民主转变提供了条件。

培尼亚选举法的通过并不单单是培尼亚总统时期阿根廷政治发展的结果而是阿根廷寡头政治与经济现代化长期不协调发展的结果，是阿根廷保守派的自我改造和完善。培尼亚推动选举法通过的初衷也不是单纯为了实现民众的参政，选举法是"保守派对激进党的密谋活动，以及在较小程度上对社会党壮大和无政府主义领导的罢工威胁到稳定而做出的反应。1911 年议会就该项法案进行辩论时，执政党有充分信

---

① 董国辉：《阿根廷现代化道路研究——早期现代化的历史考察》，世界图书出版社，2013 年，第 105 页。

心和把握赢得 1916 年选举，从而使其统治完全合法化"[1]。改革法的目的是以最小的让步来换取保守派政权的稳定。不可否认，培尼亚积极推动改革最根本地是出于维护保守派的地位，但是以培尼亚为首的改革派的另一个目的是"为了取代由罗加创立的政治体系，打破经济处于弱势的内地省份的权力，并确立以布宜诺斯艾利斯为代表的大城市的主导地位"[2]。

但是新选举法的实施对阿根廷危机四伏、四分五裂的保守派统治来说是一剂猛药。培尼亚选举法非但没能挽救寡头政治反而为激进党的上台和民众主义的兴起打开了大门。新选举法实施之后所引发的阿根廷政治形势的变化就其本身来说是阿根廷社会政治、经济长期发展的结果。但是对于当时执政的保守派来说，这种变化却是始料不及的。

三、社会文化的冲突与调整

到 19 世纪末 20 世纪初，阿根廷现代化进程不仅表现在经济和政治领域的发展和变动，更重要的是在社会文化领域所带来的冲突和调整。

独立后的阿根廷同大部分拉美国家一样，其思想领域一直在欧化与本土化之间寻求发展。一方面，"拉丁美洲统治阶层和知识界的精英，其文化是全盘西化的，也就是说它源出于西欧文化这个更大范围之内"，"各国政治上独立而经济和文化上却处于依附地位的情况"。另一方面，"拉丁美洲各国，除了古巴以外，是在 19 世纪初期获得的政治独立"，"19 世纪的思想意识、政治纲领和社会理论，虽属于'欧洲的'思想体系，却有其特色，是地道的'拉丁美洲的'东西"[3]。

---

[1] David Rock. *State building and political movement in Argentina 1860–1916*. California: Stanford university press, 2002, p.214.

[2] David Rock. *State building and political movement in Argentina 1860–1916*. p.214.

[3] 〔英〕莱斯利·贝瑟尔主编：《剑桥拉丁美洲史》（第 4 卷），社会科学文献出版社，1991 年，第 364 页。

这种状态在阿根廷尤为突出。"阿根廷独立之后立即与欧洲建立的密切关系以及罗萨斯的倒台，使得阿根廷怀有一种强烈的欧洲感以及相对于其他拉美国家的优越感。"①阿根廷人尤其是阿根廷上层更加崇尚欧洲，经济上加强与英国的贸易关系，文化上推崇法国，军事上接受德国思想，甚至在人种上都希望通过欧洲移民"优化"阿根廷人，等等。阿根廷视自己为大英帝国的一个组成部分，极力疏远其他拉美国家，淡化本国传统文化中的拉美特征。这种欧化思想根源于"1837年一代"。"1837年一代"将潘帕斯视为有待驯化的野蛮之地，认为美洲印第安人、黑人和高乔人是不思进取、无知而野蛮的，这两者都是阿根廷野蛮的代表。阿尔韦迪甚至强调"在美洲，一切非欧洲的东西都是野蛮的"②。"1837年一代"提出用欧洲"文明"去战胜美洲"野蛮"的发展思路。"1837年一代"在政治、经济、社会等领域所提出观点的出发点大都出于此。尤其是在罗萨斯失利之后，社会思想领域的"欧化"逐渐成为阿根廷社会的经典心态。阿根廷对形形色色、不断变化的欧洲思想极为敏感。欧洲的各种思潮在阿根廷都可以赢得一定的支持者。欧洲思潮一波接一波冲击着独立的阿根廷。但是无论哪种社会思潮进入阿根廷都是在阿根廷这个独立的国家中寻求发展的土壤。只有适合阿根廷的国情才能真正地获得发展。实证主义可以说是一个成功案例。19世纪30—40年代盛行于欧洲的实证主义在19世纪中期传入阿根廷，并很快得到阿根廷人的大力追捧。在实证主义的影响下，阿根廷经济走上了以初级产品出口为主的自由贸易的道路，政治上则建立了"精英民主"制。在思想上的影响之一是当权者固执地认定民主参政必须受到限制，在执政理念上长期奉行"大众享有公民自由，精英享有政治自由"的思想；之二就是"社

---

① Susan Calvert and Peter Calvert. *Argentina: Political Culture and Instability*. Worcester:The Macmillan Press, 1989, p.213.

② Juan Bautista Alberdi. *Bases y puntos de partida para la organacíon política de la República Argentina*. Buenos Aires: W. M. Jackson, 1953,p.101.

会上层鄙视本土文化，将自己与欧洲联系在一起，进而与广大民众相脱离"①。无论是出于经济利益还是政治权利的考虑，阿根廷的社会上层极力推行一种精英文化，一种以19世纪中期的实证主义为基础的文化。

19世纪末，实证主义的"秩序与进步"在阿根廷结出的果实就是"精英民主"和"美好时代"。在阿根廷早期现代化的初期，"美好时代"和"精英民主"之间不协调不会引发社会太多的质疑。人们更多看到的是这种文化给阿根廷带来的经济发展与繁荣。

社会是不断发展的，进入20世纪后，阿根廷的现代化已经得到了初步发展。城市人口远远超过农村居民，中产阶级、现代工人阶级等新兴社会阶层的出现都强有力地冲击着阿根廷社会。然而，随着阿根廷早期现代化的发展和社会结构的多样化，特别是以移民为背景的城市中产阶级和现代工人阶级的出现和迅猛发展，阿根廷社会中"欧化"出现了变化。19世纪的"欧化"或者称为"世界主义"是基于"1837年一代"所提出的社会精英通过引进欧洲文化改造落后的阿根廷。而到20世纪初期，这种"欧化"思想的携带者出现了变化，由过去的社会精英转变为以城市中产阶级、工人阶级为主体的新兴社会阶层。"'世界主义'一词有了新的用法，不再指精英分子的欧洲文化影响，而是指唯物主义和晚近外来移民的政治激进主义。"②在这种新用法的"世界主义"冲击下，原有的"精英文化"受到反思和质疑。

在这种质疑声中，源于欧洲的实证主义在阿根廷有了新的发展。阿根廷实证主义学者弗洛伦蒂诺·阿梅吉诺（1854—1911）"对科学和人的可完善性抱有绝对信念"。而非"精英文化"中认为广大民众心智未开，不具有自觉融入文明世界的能力，对民众的鄙视和不信任。这个时期阿

---

① Susan Calvert and Peter Calvert. *Argentina: Political Culture and Instability*. Worcester:The Macmillan Press, 1989, p.43.

② 〔英〕莱斯利·贝瑟尔主编：《剑桥拉丁美洲史》（第4卷），社会科学文献出版社，1991年，第411页。

根廷实证主义者何塞·因赫涅罗斯（1877—1925）的思想集中体现了"趋向世界主义和文化民族主义的双重阿根廷倾向"。他在《一个阿根廷民族形成》一文中说，"虽然第一批（殖民主义）移民没有什么结果，第二批移民却在使民族特性巩固起来"。"当物种混合时，'更能适应自然和社会双重环境'的品种占据优势"。"他断言确有阿根廷传统的存在。它与国家地位生而俱来，得到'我们思想家'的思想的滋养。它是一种只想未来而不是指向过去的传统"。① 实证主义的悄然变化中蕴藏着巨大突破，即由原来强调"精英"转变为开始重视阿根廷的更广泛的社会阶层。对精英阶层之外的其他社会阶级从排斥到接受，从蔑视到认可。实证主义的核心思想"秩序与进步"发生了细微变化。此时的"秩序"的社会基础不单单是社会精英，而是向中下层更主要的是向中产阶级扩展。这种更加平等或者说更加包容的成分是 20 世纪阿根廷实证主义中最为宝贵的变化。诚然，实证主义的新发展在当时的阿根廷社会上层确实属于小众思想，但却是当时阿根廷社会发展在思想领域的表现，是符合新兴阶层的诉求。在新思想的指引下，世界主义"引起的反映是民族主义"。新思想为社会变动做了理论上的准备。

阿根廷这个时期出现的民族主义又与中产阶级的兴起密不可分。19世纪后期进入阿根廷的移民绝大部分集中于开放程度较高的大城市中。第一代移民中大多数都拒绝加入阿根廷国籍，仍然使用母国语言，沿袭母国文化，形成了一种独特的移民文化。在文化环境较为宽松的条件下，许多移民选择留在了阿根廷。这些移民的后代逐渐发展成为阿根廷中产阶级，中产阶级在城市人口中的比例相对也比较高。诚然，第一代移民对母国文化怀有深深的眷恋，但移民的后代对这种感情逐渐淡漠。以移民特别是移民后代为主体的中产阶级与其父辈不同的是他们生长于阿根

---

① 〔英〕莱斯利·贝瑟尔主编：《剑桥拉丁美洲史》（第 4 卷），社会科学文献出版社，1991 年，第 410 页。

廷，视阿根廷为祖国，对阿根廷怀有强烈的认同感和归属感。20世纪初，民族主义情绪在阿根廷中产阶级中开始蔓延。

在阿根廷真正将这种新哲学社会思想转变为一种真正具有战斗力和号召力的行动纲领的是以里卡多·哈罗斯和曼努埃尔·加尔韦斯为代表的知识分子。

布宜诺斯艾利斯的一些学生在曼努埃尔·加尔韦斯的领导下于20世纪初创办了名为《思想》（Ideas）的学术刊物，并以此为依托形成了一个学术群体。这是阿根廷第一个宣传传统主义和反对实证主义的群体。加尔韦斯指出："我们正致力于一场反对物质主义的英雄式斗争，这种物质主义虽仍盛行但已名誉扫地。"[①] 1910年加尔韦斯指出，"当前我们阿根廷人所需要的、我们竭尽全力所要做的是让我们的精神生命得到重生。这种精神生命存在于我们曾经的历史中。我们抛弃了曾经是阿根廷人最高尚品质的民族主义思想，现在我们除了想要增加财富、加快国家发展之外心无旁骛。尽管几年之前，我们的人民是贫困的，我们生活在不断的战争和变革之中，但那时我们有民族精神，爱国主义激励着我们的战士和作家……那时我们是阿根廷人"，"在过去的几年中，一种模糊复杂的情感悄然兴起……这种情感被称为民族主义……这种情感意味着对我们人民和国家的最高关怀，保护我们的过去，热爱我们的历史、我们的自然风光、我们的习俗、我们的作家和我们的艺术。民族主义反对任何有损于阿根廷特征要素的思想、团体和习俗"。[②] 里卡多·罗哈斯也指出下一代人"将必须决定或者以损害本民族文明为代价、没有任何异议地屈从于外国人来取得进步，或者以我们自己的文明为核心来取

[①]　Manuel Gálvez. *Amigos y Maestros de Mi Juventud*. Buenos Aires:Librerƒa Hachette, 1961, pp.41–43.

[②]　David Rock.Intellectual Precursors of Conservative Nationalism in Argentina, 1900–1927. *The Hispanic American Historical Review*, Vol.67, No.2, May 1987.

得进步。我们这种文明是建立在传统基础上的"①。以曼努埃尔·加尔韦斯和里卡多·罗哈斯为代表，当时还有很多知识分子都高高举起了民族主义大旗，倡导一种带有浓厚传统色彩的民族主义。

除此之外，20世纪初阿根廷的天主教会也发生了一些转变。20世纪末期在教皇利奥十三世的领导下，天主教会对于社会出现的新变化也提出了新认识。1891年教皇利奥十三世发布《新事物》通谕。通谕中包含了许多新的思想，例如，宣告工人应拥有权力、自由制度的不公正性、主张某种程度的国家干预，以保障工人的生活和劳动条件。《新事物》的发布对拉美产生了不同程度的影响。19世纪后20年，教会在适应世俗国家，革新教会体制方面不断有一些新思考，采取了一些面向社会的行动。在墨西哥和阿根廷等国还出现天主教社会运动。阿根廷天主教的社会运动主要是开始关心工人阶级，组织天主教工人大会，向国民大会提交劳工理发提案，公开支持阶级协调和分配公平，提倡一种大众倾向的国家概念，等等。教会的这些新思想原本的出发点是为了在教会与世俗权力的竞争中赢得社会更加广泛的支持。但在客观上却在提升对中产阶级、工人阶级的社会关注度上，促进新兴阶层自我意识发展等方面起到了推动作用。另外，在几乎是全民信教的社会，教会对社会弱势阶层的关注、对社会矛盾提出的解决方案对普通民众的吸引力是无形的而又是强大的。

在19世纪末到20世纪初，阿根廷寡头政治赖以建立的政治思想和社会思想都发生了改变。无论是从"精英民主"的理论基础实证主义还是民族主义都发生了变化，都加入了社会新兴阶层的意愿和诉求。这是寡头政治最深刻的质疑。天主教会的社会运动又起到推波助澜的作用。阿根廷在思想领域的这些变化为即将到来的社会变革提供了舆论支持。

---

① David Rock. Intellectual Precursors of Conservative Nationalism in Argentina, 1900–1927. *The Hispanic American Historical Review*, Vol.67, No.2, May 1987.

诚然阿根廷社会出现了这些变化，但是思想文化领域的改变是滞后的、缓慢的。这也是影响阿根廷社会变革的根本因素之一。

当然不可忽视的是，此时阿根廷社会思想领域的悄然改变并没有蔓延至全国。这种改变与中产阶级的存在与发展休戚与共。因此，只有在中产阶级集中的地区，这种改变显得更加清晰，也更加强大。在广大内地，由于缺乏社会的结构变动，社会阶层相对固化，思想领域的改变几乎没有发生。因此，源于社会文化冲突而引发的这种社会变动的激烈程度，沿海城市要远远强于内地。

第二章 早期民众主义的发展（上）

阿根廷经济的发展引起社会结构的松动化和多样化，同时也为阿根廷带来了新的社会阶级。阿根廷新兴阶级在相对宽松、开放的经济领域得以发展、壮大，经济实力得到显著提高。在政治上，阿根廷一切如故，寡头政治依然是大权独揽，具有很强排他性和独占性。阿根廷的新兴阶级在经济地位得到尊重的情况下，开始向政治领域提出挑战。在这种激烈动荡的社会变革中，伊里戈延作为一位历史人物登上了阿根廷政治舞台并且带领以中产阶级为主体的激进党由一个边缘化的反对党最终成为阿根廷的执政党。伊里戈延不仅完成了当时的历史使命，而且实现了自己的政治抱负，在阿根廷第一次按成年男子普选原则进行的全国大选中当选为阿根廷总统。伊里戈延和激进党的政治实践正是早期民众主义从萌芽到形成、发展的过程。伊里戈延时期的民众主义是阿根廷民众主义的初显，因此在理论和实践中都鲜明地体现出早期民众主义的不系统和不稳定。早期民众主义就是一个通过寻求多阶级支持来获得政权、稳定政权的理论体系。在实践中，早期民众主义表现出很强的实践性。但是早期民众主义在理论和实践中都是不成熟的，具有不可避免的局限性。

一、早期民众主义初显的现实条件

到 20 世纪初，阿根廷经济的发展与繁荣、政治的僵化与保守、阶级结构的松动与多样、社会思潮的激荡与变化等孕育了早期民众主义。在这个充满挑战与机遇的年代，伊里戈延领导激进党对寡头政治提出了强有力的挑战，迫使阿根廷政治精英做出让步。培尼亚选举法的通过为早期民众主义走上阿根廷政治舞台提供了一个绝好的机会。阿根廷当时的社会形势为激进党的上台，为早期民众主义的初显创造了现实条件。

（一）培尼亚选举法的通过改变了阿根廷选民的分布图

在很长一段时期，阿根廷选民主要集中于农村地区。农村选民的比重远远超过城市选民。阿根廷选民的这种分布在19世纪80年代之前是与阿根廷人口分布相吻合。但是随着"美好时代"的到来，阿根廷人口分布发生了逆转。阿根廷人口变化的第一个表现是从19世纪70年代起，欧洲移民开始大量涌入阿根廷，成为该国人口增长的主要源泉。从1869—1914年间，阿根廷人口的年均增长率为32.6%。阿根廷人口变化的第二的特征是人口的高度集中。新增人口中主要是在以布宜诺斯艾利斯、圣菲、科尔多瓦等地的大城市中集中。

以布宜诺斯艾利斯为例，1869年布宜诺斯艾利斯人口是187346人，其中外国人口占49.3%；1895年人口达到663854人，外国人口占到52%；到1914年，布宜诺斯艾利斯人口增长到1576597人，外国人占到总人口的50.6%。从1869年到1914年，外国人口占布宜诺斯艾利斯人口的比例大体在50%左右徘徊。从1869到1914年，圣菲省的人口增长高达909%。圣菲省的罗萨里奥城人口有1869年的23139增长到1914年的224592。

表 2.1 1869—1914 布宜诺斯艾利斯人口 [①]

年份	总人口（人）	平均增长率（%）	外国人所占比例（%）
1869	187346	7.9	49.3
1887	433375	6.6	52.7
1895	663854	4.8	52.0
1904	950891	5.9	45.0
1909	1231698	5.5	45.5
1914	1576597	2.4	50.6

与城市人口快速增长相对照的是全国人口分布发生了根本性改变，

---

① 根据 Samuel L.Baily. Marriage Patterns and immigrant Assimilation in Buenos Aires,1882—1923. *The Hispanic American hsatorical review*, Vol.60, No.1, Feb. 1980 中表 I 制作。

由原来以农村人口为主转变为城市人口在全国人口中比例的大幅度提高。1914 年人口普查显示，在阿根廷总人口中，城市人口占 53%，其余 47% 的人口居住在农村，城市人口已经超过农村人口。培尼亚选举法通过之后，主要使得城市人口成为新选民。选民由旧体系下 191000 名选民增加到 1912 年的 640852 名选民。[①] 以联邦首都国会选举为例，1908 年 3 月 8 日，68646 名合法选民中只有 25283 名参加选举，参加选举的占 36.83%，1912 年选举中，合法选民 147996 人，其中 126303 人参加选举，占 84.04%。[②] 就全国范围来看，投票率也是显著上升。1910 年合法选民中有 21% 的参加了投票，1912 年为 69%。[③] 因此培尼亚选举法改变了阿根廷选民分布图，城市尤其是经济发达的沿海城市选民的政治取向对于国家政治具有重要的影响力。

（二）保守党的误判与纷争

在选举法通过之后，面对新的选举形势，阿根廷的政治精英并没有很客观地对当时新的社会力量，新的选举形势进行权衡。长期以来所形成的优越感和自信心使得保守党认为即使通过了以强制选举为核心的新选举法，选举的结果依然是可控的，对保守党的执政地位不会产生实质性影响。保守党并没有对新选举法通过之后的总统大选给予足够的重视，依然遵循老路试图依靠农村选民和选举舞弊等手段获得选举成功。保守党对培尼亚选举法之后的选举形势做出了误判。

不仅如此，面对大选保守党内部出现严重的分裂和不和。保守党内部四分五裂，不仅没能形成统一的纲领和政策，而且在很大程度上消耗

---

① Ronaldo Munck and Ricardo Falcón and Bernardo Galitelli. *Argentina from Anarchism to Peronism-Workers, Unions and politics ,1855-1985* , London and New Jersey: The Bath Press, Avon , 1987, p.58.

② Richard J. Walter. Municipal Politics and Government in Buenos Aires 1918-1930. *Journal of Interamerican studies and World Affairs*, Vol.16, No.2, May 1974.

③ Anne L.Potter.The Failure of Democracy in Argentina 1916-1930: An Institutional Perspective. *Journal of Latin American Studies*, Vol.13, No.1, May,1981.

在了内部纷争上。在参加 1916 年大选时，保守党内的自由派人士提名利桑德罗·德拉托雷作为总统候选人，而保守派则在布宜诺斯艾利斯省省长马塞利诺·乌加特领导下极力反对德拉托雷，提名罗哈斯为候选人。结果执政党提出两名候选人进入 1916 年总统大选，分散了保守党的选票。"这个统治国家达 35 年之久的政治联盟是由成分复杂的各省力量组合而成的，有明显的离心倾向，只有坚强的人物，特别是罗加这样的个性，才能维持联盟的团结。"事实上，在罗加、佩里格里尼、培尼亚等有威望的人物相继离世后，保守党内部一直没有形成一个强有力的领导核心。面对 1916 年大选，执政党内部的分裂与不和愈加明显。

（三）激进公民联盟的浴火重生

1889 年 9 月 1 日反对当时华雷斯·塞尔曼政府的阿根廷青年组建了青年公民联盟（Uniín Cívica de la Juventud），主要领导人是巴托洛梅·米特雷、莱安德罗·阿莱姆、阿里斯托布罗·德尔瓦耶、伊波利托·伊里戈延等。青年公民联盟提出一系列社会、政治目标，其中"自由投票"和"公正选举"是其核心目标。青年公民联盟成立后，立刻在布宜诺斯艾利斯引起强烈反响，很快相继成立了十几个类似组织。在这种形式下，青年公民联盟的领导人决定成立一个新组织即公民联盟（Uniín Cívica）。1890 年 4 月 13 日，公民联盟成立大会在布宜诺斯艾利斯召开，选举莱安德罗·阿莱姆为第一任主席。公民联盟的成员有布宜诺斯艾利斯市的出口利益集团代表，也有土地所有者代表，还有一些中产阶级和产业工人的代表。所以"公民联盟只是在 19 世纪 80 年代期间，由稳固的民族自治党政治体系的局外人所组成的一个暂时性联盟"[①]。公民联盟提出了具体目标有"自由投票""更加纯洁的管理道德""没有暴力和舞弊的投票"等。1890 年 7 月公民联盟发动了一场"社会革命"。然

---

① 董国辉：《阿根廷现代化道路研究——早期现代化的历史考察》，世界图书出版社，2013 年，第 98 页。

而由于"革命"仅限于布宜诺斯艾利斯市，力量单薄，很快就遭到了当局的镇压。"革命"虽然没有产生全国影响，但是还是迫使塞尔曼辞职，卡洛斯·佩列格里尼（Carlos Pellegrini）接任总统。以佩列格里尼为代表的改革派试图通过邀请公民联盟领导人参加政府而达到与之和解的目的，进而消除来自反对党的威胁。在这种形势下，公民联盟出现分裂，最终于 1891 年 6 月彻底分道扬镳。一派是由米特雷领导的"全国公民联盟"（Unión Cívica Nacional）。另一派是以阿莱姆为领导的"激进公民联盟"。米特雷领导的全国公民联盟出于竞选的目的与保守派组成选举联盟，走上了与保守派合作的道路，失去了作为反对党的特征。阿莱姆领导的激进公民联盟坚持拒绝与保守派妥协的立场，拒绝接受米特雷与罗加达成的协议，声称"我不接受这个协议，激进党反对这个协议，激进党决不妥协"。此后，激进公民联盟在全国发展地比较快，其主要支持者是中产阶级。

在阿莱姆的领导下，激进公民联盟逐渐发展成为阿根廷政坛上最重要的反对党。激进公民联盟虽然明确拒绝与保守派妥协，保持自己在政治上的独立性，但是并没有提出鲜明的观点和明确的政策、主张。阿莱姆最初对执政党的指责只是限于强烈的道义内容，通过慷慨激昂的讲话指责权力过于集中，抗议限制各省的自治权力和政治权利，要求公开、公平选举。当时激进党也没有打算通过暴力推翻保守派的统治，阿莱姆曾说过"激进公民联盟绝没有准备发动任何激进革命"。在阿莱姆领导时期，激进公民联盟对保守派的挑战仅仅局限于对"宪政国家""公民自由的选举权""联邦主义"等空泛的宣传，并没有提出具体的政策和策略。由于激进党党内保留着强大的代表阿根廷上层利益的势力，这就大大模糊了激进党的代表性，限制了激进党政策的鲜明化和具体化，也使得激进党在国家政治中一直都处于一种尴尬地位。

1893 年激进公民联盟内部就是否参加选举等问题上出现分裂，形成以贝尔纳多·德·伊里戈延为首的温和派和以伊波利托·伊里戈延为首的激进派。阿莱姆在分裂的两派中左右为难，无法抉择，最终于1896年7月1日自杀身亡。阿莱姆自杀身亡后，贝尔纳多·德·伊里戈延为首的温和派走上与米特雷领导的全国公民联盟合作的道路，并且共同参加布宜诺斯艾利斯省的选举。而以伊波利托·伊里戈延为首的激进派则成为贝尔纳多·德·伊里戈延与米特雷联盟的最强力的反对派。结果激进公民联盟在1898年底就消失了。

到1903年伊波利托·伊里戈延开始着手重组激进公民联盟，宣称是原有激进党的继承人。伊里戈延这次重组激进党可以说是激进党的浴火重生。激进党在经历了多次分化、改组之后重新出现在阿根廷政治舞台上，并且赢得了广泛关注。伊里戈延领导的激进党在继承阿莱姆倡导的但对寡头政权的经济腐败和"欺骗性"选举的基础上加入了更多新的内容，赢得了城市中以中产阶级为主的新选民的青睐。

综观当时阿根廷的政坛，保守党因内部纷争正处于矛盾激化的调整、重组的困难时期。当时阿根廷另一个较有实力的党派即社会党自称是工人阶级的政党，但是社会党由于本身纲领过于狭隘，只在沿海大城市中吸收所谓"觉醒"了工人阶级，因此大大束缚了自己争取选民、扩大影响的机会和范围。与保守党和社会党形成鲜明对比，激进公民联盟恰恰在经历了痛苦的分裂、重组之后形成了以伊里戈延为首的稳定的、处于上升期的政党。在1916年全国总统选举中，激进党在伊里戈延的领导下以饱满的姿态投身于选举活动中，在城市、农村，针对不同的社会阶层提出不同的政策和纲领，广泛地宣传激进党，赢得了大量选民尤其是改革法之后的新近选民的支持。相比之下，保守派的分裂，社会党的狭隘，都错失了机会。1916年伊里戈延当选为阿根廷总统，激进党也由反对党终于成为执政党。伊里戈延的政治成功将早期民众主义带到了阿根廷政治舞台上。从此，早期民众主义逐渐成为阿根廷政治生活中的一部分，成为时常影响甚至左右阿根廷政治发展的重要因素。

二、早期民众主义的理论和实践 ①

阿根廷早期民众主义的理论和实践是通过激进公民联盟即激进党的纲领、政策体现和实现的。1903 年伊里戈延成为激进公民联盟的领导人之后，激进党进入伊里戈延时期。伊里戈延带领激进党在阿根廷政治舞台上由被边缘化变为主角的过程正是早期民众主义出现、发展、完善和实践的过程。因此在阿根廷早期民众主义发展进程中，伊里戈延作为一位具有独特魅力的领导人发挥了重要的作用。伊里戈延个人的成长经历为阿根廷早期民众主义的形成投下了光斑。伊波利托·伊里戈延 1852年 7 月出生于布宜诺斯艾利斯，此时正好是罗萨斯失败之年。而伊里戈延的祖父也由于参与罗萨斯政权而被处死。家庭的这一变故给伊里戈延的童年生活蒙上浓重的阴影。由于其祖父与罗萨斯政权的关系，伊里戈延在幼年时期经常受到同伴的嘲笑，也因此很少参与游戏，显得异常安静。求学过程中，伊里戈延的成绩虽然并不是非常好，但却是一个认真、固执的学生。青年时期的伊里戈延却一直都很热衷于政治活动，积极支持阿维利亚内达总统，逐渐成为布宜诺斯艾利斯省议会中一位有影响力的人物。在罗加政府成立后，伊里戈延最初是以一名民族自治党人的身份参与国家政治生活。但是由于对当时阿根廷各级选举舞弊等持不同意见，伊里戈延很快就站在了罗加总统的对立面。在仕途受阻的情况下，伊里戈延曾有两年的时间暂别阿根廷的政治舞台。这段时期，他不仅阅读了大量历史、哲学方面的书籍，而且通过购买土地成为一位畜牧业主。最为重要的是，在这一时期伊里戈延成为克劳斯主义（krausism）的信仰者。在克劳斯主义精神哲学的指引下，伊里戈延更加关注社会问题，

---

① 本节部分内容已发表在《世界历史》2009 年第 6 期《探析阿根廷早期民众主义理论》中。

也更加强调社会问题中的道德和道义性。1892 年当伊里戈延再次出现在阿根廷政治生活中，他以其独特的思维方式和行为方式给阿根廷政治生活带入一股清新之气。

在伊里戈延带领激进党重新进入阿根廷政治舞台时，激进党还只是一个反对党。当时阿根廷政治由寡头精英所控制。作为反对党领袖，伊里戈延的主要目的是打破将他们排除于政治生活之外的僵化的政治体系，力争与保守派分享政治权益。

最初，激进党试图通过暴动的方式冲击现有体制。然而几次暴动最终都以失败告终，究其原因主要来自激进党本身。此时激进党的挑战总是瞻前顾后、顾虑重重，其原因大致有两方面。一方面，激进党的很多成员本身就出生于大农牧业主家庭，只是与当权派存在一些分歧。这就造成激进党在政策制定和实际行动中都无法彻底摆脱大农牧业主的影响。另外，作为激进党的主体，中产阶级与社会上层、大农牧业主有着千丝万缕的联系。阿根廷中产阶级对社会上层是又爱又恨。爱是因为中产阶级得益于寡头政治所营造的有利的经济环境；恨则出于在政治领域寡头贵族对中产阶级的排斥和拒绝。中产阶级并没有想彻底改变阿根廷的政治体系，只是想让现有的政治体系接纳他们，与当权派分享政治权益。激进党一方面对社会上层垄断阿根廷政治生活强烈不满，另一方面，又与社会上层在经济上有着密不可分的联系。在实践中激进党对现政权的心态也是矛盾的，既要对现有的政治体系提出挑战，试图改变目前的政治秩序和规则，又不想彻底地推翻现有的政治体系，只是促使其加强包容性。因此激进党的政治暴动表现得畏首畏尾、遮遮掩掩，加之激进党本身力量就相对较弱，所以在很长一段时间内，激进党的挑战并没有获得成功。

在几次不成功的小范围暴动之后，伊里戈延逐渐意识到仅凭激进党有限的力量无法撼动寡头政治。之后，伊里戈延将关注点转向阿根廷的选举制度。

当时阿根廷的政治精英通过"联邦干预"、选举舞弊以及执政党的权力等基本上操纵了选举，控制了阿根廷的政治生活，选举制形同虚设，成为寡头政治的手中玩物。再加之当时的阿根廷是真正的地广人稀而激进党又是一个羽翼尚未丰满的新党，其宣传和组织系统还不够强大。面对广阔的内地省份，激进党的影响力是无法广泛地深入下去，更无从谈及影响当地选民。正如激进党的一位领导人说："我们的党是一个年轻的党，没有形成完善的组织机构。这就降低了党在各地组织活动的成功率。地方党的影响将消失在各省广阔的领土和广大的选民当中。只有省长的影响是成功的，省长可以通过行政渠道达到各地最远的地方。"① 这些客观现实给激进党制造了一些难以克服的困难，限制了激进党的政治影响力。

当时阿根廷的选举体制没有留给激进党更多机会。面对这样的选举形势，激进党首先可以做的就是质疑现行选举制的合法性，增强激进党的吸引力，扩大激进党的社会影响。激进党只能是在体制之外通过"不合法"的手段对寡头统治提出挑战。利用体制之外的手段来争取体制之内的权利，这就要求激进党必须获得广泛的支持，通过声势浩大的运动对阿根廷的政治体制和寡头势力造成巨大的社会压力迫使寡头精英被迫进行改革，扩大参政的社会范围。

首先，面对保守派操纵选举和选票的局面，伊里戈延在声讨寡头政治的同时，采取了"弃权、不合作"的策略。伊里戈延不断地对阿根廷寡头政治进行攻击，坚决拒绝对保守派做出丝毫的妥协。伊里戈延曾对寡头政府的政治派别进行抨击说"政府与反对势力是一回事。反对势力是由一些暂时被排挤出权力集团以外的势力组成，他们仅仅是等待时机再次获得这个战利品。整个机构就是一堆腐朽的废物。这个机构的运转

---

① Paula Alonos. Politics and elections in Buenos Aires, 1890–1898: The performance of the radical party. *Journal of Latin American studies*, Vol.25, No.3, Oct.1993.

不是为了崇高的理想，而是为了最低级的卑微的动机……这些人要对人类历史上最卑劣的事负责……这是阿根廷的巴士底狱，相反，我的力量与民族灵魂在一起。我们所需要的，就是干净的选举。这是恢复行使正常选举权所必不可少的条件"①。面对这样不堪的政治，伊里戈延发誓说"以他的人格担保，激进党在选举中没投一张票"。通过拒绝参与腐败保守的政治而显示出激进党是当时阿根廷政治生活中的一股清流，以此来博得对保守派不满的社会各阶层的支持。同时通过拒绝参加选举而显示出激进党是当时阿根廷政治生活中的一股清流，而"不妥协"则将激进党树立为对保守派不满的社会各阶层民众利益的维护者和代言人。

　　其次，伊里戈延对激进党的政策进行了修补，加入了大量道义、民族、国家以及宗教等因素，使之更具吸引力。出于不同的原因，在阿根廷社会各阶层中都存在着对寡头政治不满的人群，激进党潜在的支持力量自然也是成分复杂的群体。伊里戈延极力宣扬激进党事业不是代表某个特定阶级的利益，而是为了全社会甚至全人类的利益。伊里戈延在1909年写道："激进党不是一个传统意义上的政党，而是代表各种观点的力量的组合。这些观点构成民众要求的核心。为民众要求服务，实现民众的要求，为民众重建有威望和公正的国家是党的纲领。确定这个纲领是在党建立之时，到现在依然如此。"②同时，伊里戈延又宣称"激进党是由众多献身于民族伟大事业和高尚理想的勇敢的英雄的阿根廷人构成"，"我神圣的信念来自强烈的爱国主义"。③伊里戈延将国家视为对立的利益集团或阶级之间积极的调停者，它的任务就是促进"分配公正"。"国家政治应该是保卫博爱、仁慈，是国家发展与幸福的最高

　　① Hipólito Yrigoyen: Pueblo y gobierno ,Roberto Etchepareborda, ed. Ⅰ, pp.110–111, In David Rock. *Politics in Argentina 1890–1930*, The rise and fall of radicalism, p.54.

　　② Hipólito Yrigoyen. Pueblo y gobierno, Ⅰ, p.313, In David Rock. *Politics in Argentina 1890–1930*, p.51.

　　③ Raúl Alfonsín. *Qué es el radicalismo*. Editorial sudamricana Buenos Aires, 1985,p.101

典范"，"自由主义政治是公平的，是有拥护者的，是较少排外的。但是（当前）自由主义政治没有建立在相同利益的基础上，没有建立在全国的政治、经济发展和稳定的基础上。我认为反抗和长期的敌对是由他们的利益引发，根源于过去那些顽固的特权领域"，"我那自由、公正的理念必将胜利。未来的荣耀和繁荣属于全体，因为没有一个政党凌驾于另一个政党的胜利，因此，胜利属于整个国家"①。他召唤将"民族国家"人格化，赋予它以人类的自然性格，"有了诚实选举，我们将看到，两种国家之间的不同。一种是溺死于激烈竞争之中的民族国家，一种是充分呼吸，为了公众利益而生机勃勃的民族国家"②。

伊里戈延宣传激进主义是一种事业，激进主义的追随者是"信徒"，他自己则作为一位"使徒"完成引导"信徒"的任务。伊里戈延的言论丰富了天主教"纯净""殉难""民族灵魂"的形象。关于激进主义，他宣布"它的使命是伟大的，它的努力将是长期的，它的强大在于它的勇气。它将不断地通过最纯洁的舆论得以加强和振兴。它是后代的学校"③。"我断言，我的治理是一个道德政治的传播活动"④。伊里戈延之所以在宣传中加入这些新的因素，一方面这些原则具有很强的普适性和抽象性；另一方面对于经历独立战争洗礼和世代沐浴天主教福音的阿根廷人来说，这些理念早已根深蒂固，深入人心。为了模糊政治主张的阶级性，伊里戈延的宣传更多地表现出道义性。他把世间明确划分为邪恶"政权"和美好"事业"。如果深入研究激进党的原则会发现激进党的道义学倾向于一种有效、诚实的说教，要求国家放弃各个特权而全心全意为全体人民谋福利。伊里戈延严格坚持用这种调和、和谐的立场体现出"激进党的信念扎根于全人类"

---

① Raúl Alfonsín. *Qué es el radicalismo*. Editord sudaricana Buenos Aires, 1985, p.100.

② Raúl Alfonsín. *Qué es el radicalismo*.Editord sudaricana Buenos Aires, 1985,p.103.

③ David rock. Intellectual precursors of conservative nationalism in Argentina,1900–1927. The *Hispanic American historical review*, Vol.67, No.2, May, 1987.

④ Raúl Alfonsín. *Qué es el radicalismo*. p.101.

。

伊里戈延利用了这些因素的抽象性和广泛性将激进党政策改造得更加圆滑、折中，也将激进党的政策与全体阿根廷人紧密联系在了一起，调和了不同阶层、不同地位的所有阿根廷人的利益。最终在激进党的宣传中，阿根廷社会的各阶层都似乎可以找到代表自身利益的闪光点。

无论政策、宣传怎么变化，伊里戈延对激进党政策进行改造的主线只有一条即利用一切可以利用的社会力量，对旧选举体制施加强大的社会压力，最终迫使保守派做出必要的改变。此时，激进党政策的重点是通过模糊、折中的宣传博得最广泛的社会支持，对寡头势力形成强大的社会舆论压力。

激进党这种调和、折中的政策与保守派传统的政治作风形成强烈对比。激进党和伊里戈延也因此成为阿根廷政治生活中的新鲜血液。与此同时，激进党也不断地通过组织抗议、发动暴动等方式宣传党的政策、主张，力图得到最大范围的理解和支持。1905 年 2 月 4 日激进党又一次领导了反抗斗争。反抗者明确提出他们的目的就是要摧毁"统治国家长达 30 年的令人讨厌的政府，革命的口号是体制改革、自由选举、诚实政府"[①]。通过 1905 年革命，激进党的政治主张得到更加鲜明的展示。

激进党持续不断的宣传和抗议确实搅动了沉寂已久的阿根廷社会。激进党的所有努力最终引起阿根廷社会上层人士对寡头政治的反思。1905 年的革命虽然没有实现革命任务，但是从那时起，保守派更加清楚地认识到激进党一直遵循这种"不合作和革命"的政策和道路是对寡头政治的威胁，必须铲除。而对于如何防患于未然，如何解决这一威胁，保守派内部出现分歧。一部分人指出政党和国家需要代表绝大多数人民，只有诚实普选才能使国家恢复和平。还有一部分人则认为只要满足激进

---

① David Rock. *State building and political movement in Argentina 1860–1916*. California: Stanford university press, 2002, p.193.

党具体的政治诉求，给予有限的政治权益就可以解除这种威胁。在激进党的鼓动宣传下，阿根廷社会要求进行选举改革的呼声和压力日益加强。到培尼亚总统时期，要求改革的呼声越来越大，政府承担的压力也越来越大。培尼亚总统认为，动荡和不稳定是最大的危险，民主是避免这些的最佳途径。在形势所迫下，保守派终于在修正阿根廷政治体系上迈出了重大的一步。1912 年培尼亚选举法问世。

新选举法的问世标志着伊里戈延首战胜利，也标志着阿根廷早期民众主义理论开始形成。至此，伊里戈延为阿根廷早期民众主义成功地涂上了底色。此阶段的早期民众主义主要是通过折中宣传来淡化不同阶级、不同阶层在根本利益上的差别，为社会各阶层提供利益诉求空间，进而调和社会矛盾，赢得最广泛的支持，以此来成就激进党的政治事业。这种利用折中、调和的宣传和政策来为政治服务的思路也成为早期民众主义的基本色调。到 1912 年阿根廷选举法改革，早期民众主义的形成走完了第一步。

改革法通过后，阿根廷的政治生活呈现出新形势。伊里戈延政策的着眼点转变为拉拢选民、争取选票、赢得选举。伊里戈延政策重点的转变对早期民众主义的形成起到了添砖加瓦的作用。

在此期间，伊里戈延在宣传上依然保持了早期民众主义的折中性和调和性。伊里戈延宣称："激进党尊重任何合法的利益，也真诚地培育可以为真正的国家利益而献身的各种力量。如果以前没有宣传其魅力和纲领，只是因为这个伟大的党在全神贯注地致力于实现选举的神圣性。党继续他的事业，从现有邪恶、混乱的秩序中拯救国家。"[1] 除了加强宣传之外，以行动来赢得选举胜利则成为伊里戈延政策的重点。针对当时阿根廷各地不同的经济和社会状况，伊里戈延采取了不同的策略。

---

[1] Hipólito Yrigoyen. Pueblo y gobierno ,Roberto Etchepareborda, ed. Ⅰ ,p313, In David Rock. *Politics in Argentina 1890–1930*. The rise and fall of radicalism, p.51.

在沿海城市中，受到开放式经济发展的影响，中产阶级和工人阶级的势力已有很大的增长。同时这两大阶级又是培尼亚选举法通过后新兴的潜在选民。激进党试图通过更具针对性的政策来吸引新兴选民和拉选票，获得这部分人在政治上的支持。中产阶级和工人阶级就成为激进党民众主义政策的目标。就中产阶级和工人阶级之间也是有很大的差异性，因此在对待这两大阶级时，激进党的政策也是有很大的区别。

相比较而言，争取中产阶级的支持则成为伊里戈延考虑的重点。在经济上小有成就的中产阶级在政治上却是被寡头政治所排斥的"门外汉"。殷实富足的中产阶级渴望分享政治权益，获得规范社会的机会和空间。中产阶级也希望通过进入国家政治领域增加他们在社会中向上流动的机会和余地。为了赢得中产阶级支持，伊里戈延在宣传和实践上都做了大量工作。在宣传上，激进党所倡导"公平、公正、公开"的选举原则为中产阶级参政提供了切实可行的途径。同时激进党这个有别于保守派组织的政党也为中产阶级的参政提供了一个可以利用的组织。中产阶开始向激进党靠拢，逐渐成为激进党的主力，自然成为激进党的选民。在实践中，伊里戈延又通过制定更具针对性，对中产阶级极具吸引力的政策坚定他们对激进党的支持。为了争取中产阶级对激进党的支持，各行各业和各个领域的中产阶级都成为伊里戈延政策的目标。

军队首先进入伊里戈延的视野。1912 年前后，在阿根廷军队中多数中下层的青年军官都来自中产阶级，而高级军官更多的却来自大农牧业主家庭的社会上层。因此军队中的中下层与高层之间不仅存在级别上的差异，更重要的是社会地位上的格格不入。大部分青年军官的父辈是在1880 年大移民浪潮之后来到阿根廷的，在阿根廷并没有得到土地，也没有发展成为农牧业主，他们是随着移民大军进入城市，在工商业中起家。这部分人在经济上拥有了一定实力，成为阿根廷最早的中产阶级。但是就社会地位来说，他们依然是无权无势。从主观上，中产阶级不仅将军旅生涯看成是提高其社会地位的一条有效途径，而且也希望军队成为实现这种理想的场所。然而在固有的军队体系中，中下层军官逾越社会等级进入军队高层的机会非常渺茫。针对当时军队的状况，激进党不断地宣传要支持军队职业化，增加应征入伍的人数，为中产阶级提供更多的机会。与此同时，伊里戈延还不断地宣称支持军队中青年军官，维护他们的权益，增加晋升的名额和机会。这些政策为阿根廷新兴中产阶级成为职业军官打开了大门，为中产阶级提高社会地位开辟了一条新的途径。因此，大部分中下级军官都认为激进党倡导的是一场伟大的民族运动，给予激进党极大支持。在培尼亚选举法通过后的各次选举尤其是1916年的总统大选中，中下级军官始终站在激进党一边，成为伊里戈延强有力的支持者。

对于中产阶级较为集中的另一个领域——公共事业部门，激进党提出将增加政府工作人员的数量，提高公共事业部门工作人员的工资、福利等有利于中产阶级的许诺。激进党除了在物质上为阿根廷中产阶级勾勒了美好的未来，在精神上，伊里戈延也加强了对中产阶级的吸引力。从祖籍来看，阿根廷中产阶级的祖辈大多是南欧国家的移民。随之移民阿根廷的是他们对天主教的虔诚信仰。因此，天主教价值观就成了阿根廷中产阶级家庭主体价值观中的重要组成部分。为此，伊里戈延不时地以个人身份举行应时的慈善活动以迎合中产阶级的宗教信仰。最典型的例子是1916年总统大选前，伊里戈延宣布如果他当选，他将把自己的工资用于慈善。诸如此类的针对中产阶级的拉拢政策在当时激进党的宣传中屡见不鲜。20世纪初伊里戈延的民众主义政策在理论上和实践中都体现了中产阶级的要求和愿望。激进党自然博得了中产阶级的好感和支持。很快，激进党就被认为是阿根廷正在成长的中产阶级的政党。

新的选举法主要是给予了已取得公民权的中产阶级以选举权。阿根廷的中产阶级又对激进党青睐有加。所以培尼亚选举法通过后，激进党通过发动以中产阶级为主体的新兴选民给阿根廷政坛带来了强烈地震动。事实正像一位激进党人士说"包括秘密投票和诚实计票的改革产生的结果震惊了它的规划者"。震动上层和旧政治精英的是激进党利用新选举形势的能力，这种能力导致遍及全国的政治动员。在 1912 年的选举中，圣菲省的激进党领袖做演讲时说"弃权一去不复返了，因为人民兴起的自由时代重生了"①。

对于工人阶级，伊里戈延显得似乎有点束手束脚。随着工商业的发展，阿根廷工人阶级队伍在不断壮大，成为城市中一支重要的势力。但是在阿根廷这样一个移民众多的国家中，工人阶级的很大一部分是外籍工人，他们仍然保留原有国籍，没有成为阿根廷的合法公民，因此不享有公民权，无法参与选举。

此外，这部分人来到阿根廷之前，在思想上并不是一片空白而是受到欧洲当时流行的各种思潮的影响。随之移民阿根廷，大量源于欧洲的社会思潮也进入阿根廷社会。同时，阿根廷与欧洲素来往来密切，所以接受欧洲新思想是在所难免的。在这种背景下，阿根廷成为当时各种社会思潮——无政府主义、社会主义、工联主义等的聚集地和竞争场所。受这些社会思潮影响的各类组织、团体在阿根廷工人阶级中都进行了广泛的宣传和积极的组织工作。在纷繁复杂的思潮影响下，阿根廷的工人阶级实际上分属不同的工人派别。所以就工人阶级自身来说，阿根廷的工人阶级队伍也是分裂的。组织上的分裂大大降低了工人阶级的影响力。另外工人阶级最关心的是经济利益，对政治权益表现得比较淡漠。针对阿根廷工人阶级的特点，伊里戈延在对待工人时主要是与工人派别中较大的温和派保持一种非正式的私人关系。通过这种非正式的关系保持与工人阶级的联系和沟通，至少与工人阶级的温和派保持一种友好或者协

---

① Roy Hora. *The landowners of the Argentine pampas: A social and political history,1860–1945.* New York: Oxford university press, 2001,p.147.

商的关系，并且在经济上给予工人阶级中的温和派更多的实惠。伊里戈延通过利用工人阶级组织上的分裂，采取分而制之的政策来拉拢、约束、稳定工人阶级。这种关系一直维持到伊里戈延上台执政。

在阿根廷内地，由于经济发展缓慢，社会结构没有发生根本性变化，新兴阶级尚未形成，原有的贵族仍旧掌握着内地省份的政治、经济大权，所以在内地各省缺乏广泛社会基础的激进党根本没有进行宣传、动员的空间。对内地各省，激进党的政策是借用了大量保守派的做法，在保证内地农牧业主经济利益和政治权利的情况下，争取获得这部分人在政治上支持，至少要消除对激进党的敌视和排斥。

激进党对内地农业工人很少给予关注，也很少提出改善他们经济状况和政治地位的政策。伊里戈延清楚地知道，这些工人虽然出生于本国，享有合法的公民权利，但是他们的经济地位和社会身份决定了内地工人不可能突破贵族的掌控而独立、自主地发表自己的政治主张，支持激进党。伊里戈延在内地主要是保证大农牧业主经济利益，确保他们的经济和社会地位，同时极力在政治上向他们倾斜，尽量满足他们在当地的政治要求，希望获得政治上的理解。尽管如此，激进党在内地也只获得了一小部分的支持。1915年一位保守派领导人认为激进党"从严格意义上讲，不是一个全国性的政党，只是一个在农村有一些支持者的布宜诺斯艾利斯的政党"[①]。

伊里戈延利用早期民众主义政策获得了城市中绝大部分新选民的支持。1916年在阿根廷总统大选时，面对分裂的保守派和封闭的社会党，激进党充分地利用了城市新选民的支持获得了选举胜利，伊里戈延当选为总统。从培尼亚法生效到1916年伊里戈延当选为阿根廷总统，伊里戈延和激进党为争取选票而进行的宣传实践活动完成了早期民众主义形

---

① David Rock. *State building and political movement in Argentina 1860–1916*. California: Stanford university press,2002, p .206.

成的第二步，即针对不同地区，不同阶级采取不同的方式来博得广泛的政治支持。在城市中，对中产阶级给予政治利益上的承诺和支持，对工人阶级给予经济上的更多实惠；在农村，则是踏着保守派的老路，力求大农牧业主的稳定。伊里戈延领导激进党在与保守派斗争中不仅注意到民众的力量，而且在不断地鼓动民众的政治热情，通过各种途径组织、领导民众运动为己所用。早期民众主义形成于伊里戈延在发掘民众势力，利用民众力量，领导民众运动从而完成政治任务中。至此，阿根廷早期民众主义理论基本形成。

从1916年到1930年是早期民众主义理论和实践不断结合、相互修正的过程。其中1916年到1922年是早期民众主义发展的辉煌时期，在早期民众主义发展的历史上占有重要的地位。

1916年总统大选，激进党以微弱的优势战胜了保守派。阿根廷寡头势力既没有被征服也没有彻底失去对国家的控制，而是通过各种正式和非正式手段影响着新政府的经济和社会行为。激进党虽然取得了选举胜利，但根基尚未巩固。阿根廷政治生活的紧张状况迫使新政府不得不把稳定政权作为首要大事。事实上，新政府上台后很快显示出伊里戈延政府将政治事件置于其他事件之首，专注于维护激进党政权。对于当时阿根廷经济发展模式等问题并没有给予更多关注，也没有提出较为系统的有别于寡头政治时期的改革计划。

1916年伊里戈延当选为阿根廷总统之后，早期民众主义政策的重点转为稳定政治，巩固激进党政权。中产阶级是激进党的社会基础，没有中产阶级的支持，激进党是无法与根深蒂固的保守派竞争。尽量地拉拢、巩固中产阶级对激进党的支持是伊里戈延当政后稳定政权的重要一环。伊里戈延抓住中产阶级渴望在政治上享有更多和更稳定权益的心态，通过各种方式进一步满足中产阶级的政治要求，扩大中产阶级参政的机会和范围。在1890年、1893年、1905年激进党组织的几次不成功的革命中，当时许多拥护激进党的军官由于参与起义而在仕途上受到打击。当激进党成为执政党以后，伊里戈延利用总统的权力将军队利益作为拉拢中产阶级的重要手段。对于为激进党事业而引退或者牺牲的军人，伊里戈延通过颁布法令改变级别顺序，无视现有的法令和规章或给以升级或给予其家属增加抚恤金。对于在世和留任的为激进党事业做出贡献的军官，伊里戈延予以嘉奖、提拔。为了满足中产阶级的后代进入军队的愿望，伊里戈延当政后大力扩充军队的人员数量。军队人数急剧增加，同时军队的开支也直线上升。在伊里戈延第一任期内，作战部（war ministry）的开支实际上增长了一倍，从 28667000 比索增加到 54823000 比索，到 1930 年，军费开始增长到 80000000 比索。[①] 伊里戈延无视军队的规定，不断地在军队中提拔和安插自己的忠实拥护者和追随者。军队逐渐转变为伊里戈延和激进党拉拢中产阶级，给予忠实追随者恩惠的源泉。为了确保牢牢掌握军队这一重要的吸引支持者的渠道，伊里戈延试图重建总统对职业军队的控制。但是阿根廷的军队享有"自治权"的思想由来已久，已经成为军队的共识。伊里戈延试图对军队的控制侵犯了军队的自由，引起中上层军官的不满。伊里戈延将"补偿"概念用于军队本身也引起了具有职业化思想军官的不满。他们认为军规是神圣不可侵犯的或者至少不应该被文职官员的权力所蔑视。伊里戈延上台后，伊里戈延的总统主义与军队的职业主义迎头相撞。这就为以后军队的倒戈埋下了根源。

为了拉拢、稳定中产阶级对激进党的支持，伊里戈延将国家政府部门作为了回报和恩惠拥护者的另一支重要的渠道。在伊里戈延时期，国家行政急剧膨胀，政府官员的数量和政府公务员的工资收入直线上升。以布宜诺斯艾利斯市为例。

---

① Robert A.Potash. *The army and politics in Argentina 1928–1945——Yrigoyen to Perón*. California:Standford university, 1969, p.7.

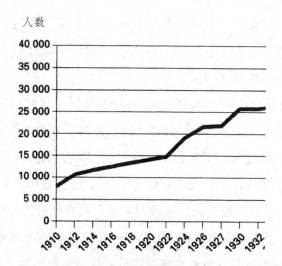

表 2.1 1910—1932 市政工作人员数量的变化 [①]

由表 2.1 可知，在伊里戈延当选为阿根廷总统之后，布宜诺斯艾利斯市市政府的工作人员的人数逐年增加。1916 年政府工作人数大约是 12500 人，到 1922 年增加到 15000 人，到 1930 年则增加到 25000 人还多一点。同时每次重要的选举前夕，公务员的人数就会有一个跳跃式的增加。从 1916 年到 1922 年，政府工作人员的数量一直处于平稳增长中。到 1922 年，激进党再一次面临全国总统大选，作为执政党领袖，伊里戈延大大增加了政府工作人员的数量以此来拉拢选民支持激进党。1928 年当伊里戈延第二次当选为阿根廷总统，政府工作人员的数量又出现新一轮的增加，到 1930 年达到最高峰。

在伊里戈延第二任内有 926 名公共部门的工作人员被解雇，1954 名被迫退休，同时又有 6828 名被提名市政工作，实际增加了 3951 名雇员，其中大部分是来自中产阶级背景而且是伊里戈延忠实的拥护者。

伊里戈延通过录用政府雇员拉拢中产阶级，无形中也增加了政府

① Joel Horowite.Bosses and Clients：Municipal Employment in the Buenos Aires of the Radicals 1916–1930. *Journal of Latin American studies*, Vol.31, No.3, Oct. 1999.

的开支。以布宜诺斯艾利斯为例。1916 年布宜诺斯艾利斯市政开支为 37400000 比索，1922 年为 68600000 比索，1928 年大约为 87700000 比索，1930 年增至 99000000 比索。[①]

由表 2.2 可知，从 1916 年到 1930 年，激进党执政时期，布宜诺斯艾利斯市平均工资预算与平均预算之间的比例基本上都是高居不下。在这 15 年中，这项比例最低是在 1917 年，是 39.5，最高年份是 1927 年，达到 61.9。伊里戈延通过扩大政府行政机构的规模，增加政府雇员的数量，吸收了大量的中产阶级进入国家政治领域。政府雇员的开支成为国家财政的一个重要的支出渠道。从 1918 年到 1923 年，国家的财政支出增长了 80%，其中绝大部分消耗在政府雇员人数和工资增加上。[②] 由此数据可以看出，伊里戈延用于拉拢选民、稳定政权的财政扩张政策贯穿激进党执政的始末。政府工作人员数量的增加既为中产阶级参政提供了机会，同时也是中产阶级参政扩大的表现。

表 2.2 1910—1930 年布宜诺斯艾利斯市的人均预算 [③]

年份	平均预算（比索）	平均工资预算（比索）	B/A(%)
1911	30.5	10.4	30.1
1912	35.3	11.2	31.7
1913	36.4	11.6	31.9
1914	35.9	12.3	34.3
1915	27.6	10.9	39.5
1916	26.2	11.1	42.4
1917	27.1	10.7	39.5
1918	24.3	11.5	42.5
1919	27.4	13.7	50.0
1920	32.8	16.0	48.8

---

① Revista de estadística municipal, Apr./June. 1933, p90. cited from Joel Horowite. Bosses and Clients: Municipal Employment in the Buenos Aires of the Radicals 1916–1930 *Journal of Latin American studies*, Vol.31, No.3, Oct 1999.

② David Rock. Machine Politics in Buenos Aires and Argentine Radical Party 1912–1930. *Journal of Latin American Studies*, Vol.4, No.2, Nov. 1972.

③ Joel Horowite. Bosses and Clients: Municipal Employment in the Buenos Aires of the Radicals 1916—1930. *Journal of Latin American studies*, Vol.31, No.3, Oct. 1999.

续表

年份	平均预算（比索）	平均工资预算（比索）	B/A(%)
1921	40.3	18.0	44.7
1922	41.9	21.5	51.3
1923	40.3	24.0	59.5
1924	40.4	23.3	57.7
1925	42.0	23.5	55.9
1926	44.6	26.1	58.5
1927	43.9	26.6	61.9
1928	45.0	26.0	57.7
1929	46.1	26.9	58.3
1930	50.6	28.9	57.1

Sources: Calculated from *Revista de Estadística Municipal*, Aug. 1930, p. 50, Apr.–June, 1933, pp. 88, 90; Municipalidad de Buenos Aires, *Anuario estadístico de la Ciudad de Buenos Aires, 1915–23* (Buenos Aires, 1925), p. 50.
N.B. There are four years in which the data given in the *Revista*, Aug. 1930 and the *Anuario* differ. I have used the *Anuario*. The other set of figures would not have made a major difference in conclusions. All the data needs to be taken with some degree of caution, though the trends are accurate. The figures for population are from a contemporary source and therefore are inaccurate, but were what contemporary decision makers used.

另外，伊里戈延政府还通过积极支持大学改革运动，以此来加强和发展中产阶级力量，巩固激进党的社会基础。

激进党政府建立之时正值第一次世界大战酣战之时。阿根廷许多知识分子和学生都认为一战是 19 世纪思想和体制失败的最大表现，强烈要求摆脱欧洲的影响，效仿墨西哥宪法，改造阿根廷社会。在青年学生和知识分子集中的大学中开始萌生改革的苗头。当时阿根廷主要高校中有大量的学生是出身于中产阶级的家庭。而这些高校中各级管理机构大都依然由保守派势力所控制。在来自中产阶级家庭的大学生看来，大学中的管理阶层代表了 19 世纪阿根廷政治和文化，这些管理层开办大学的目的就是为了培养保守派的接班人。许多学生开始讨论是否可以将培尼亚选举法以来阿根廷的国家民主化运动扩大到大学中，是否可以在大学管理机构中吸纳一些教师和学生。民主化逐渐成为大学生讨论的热点。出身于中产阶级家庭的大学生强烈要求改革大学管理制度和管理体系，要求大学民主化。在这种背景下，阿根廷掀起了大学改革运动。1917 年 12 月，科尔多瓦大学医学院的学生向教育部部长何塞·S. 萨利纳斯（Jose

S.Salinas）递交了一份请愿书，要求改革大学管理当局。1918 年 3 月 14 日，科尔多瓦大学的改革委员会号召罢工和罢课，直至改革要求得到满足为止。科尔多瓦大学最早掀起改革的高潮，要求在大学管理当局中有学生代表，改革考试办法和制止在聘任专业人员中的任人唯亲等。之后，高校改革运动在布宜诺斯艾利斯和拉普拉塔等大学相继展开。

　　激进党的前身就是由青年学生组织的青年公民联盟，伊里戈延非常了解这股政治力量的威力。另一方面，这场改革的主力大多来自于中产阶级家庭，是激进党的政治选票的来源。因此，在大学改革运动开始之时，激进党就毫不犹豫地站在学生一方，给予学生政策和人力上的支持。1918 年 4 月 16 日，伊里戈延决定干预大学改革运动，并派出自己的代表若泽·尼哥拉斯·马蒂恩索（José Nicolás Matienzo）前往科尔多瓦，听取学生意见。5 月 7 日，伊里戈延发布命令，规定科尔多瓦大学的所有管理职务均由选举产生。激进党政府在调解中加强对学生的支持。最终，伊里戈延政府"实行了学生们认为必须实行的许多改革，并且试图将激进主义笼统的民主思想同那些从改革中产生的种种理论主张相结合"。"三所大学最后都获得了新章程，据说是为了保证它们的自治，实际上是将它们置于中央政府直接控制之下"。[①] 通过改革运动，大量中产阶级进入高校管理层。伊里戈延调解大学生改革运动的目的也是为了向中等阶级和工人阶级开放国家的高等教育机构，进一步扩大中产阶级进入主流社会的机会。借助对大学改革运动的支持，激进党进一步获得了中产阶级的支持，"使自己同民主化联系在一起，而不给保守的反对党占上风"[②]。

　　总之，激进党政府通过各种途径为中产阶级创造机会，提高中产阶

---

　　① 〔英〕莱斯利·贝瑟尔主编：《剑桥拉丁美洲史》（第 5 卷），社会科学文献出版社，1992 年，第 439 页。

　　② 〔英〕莱斯利·贝瑟尔主编：《剑桥拉丁美洲史》（第 5 卷），社会科学文献出版社，1992 年，第 439 页。

级的政治地位和社会地位，尽量满足中产阶级的要求，以期稳定和扩大中产阶级对激进党的支持。

与中产阶级一样，工人阶级也是阿根廷社会的新生力量。与中产阶级不同的是，阿根廷的工人阶级的力量更加分散，经济利益的诉求更加强烈。

随着阿根廷现代化的深入发展，工人阶级队伍在不断发展。尽管阿根廷的产业工人很多没有加入阿根廷国籍，不是阿根廷的合法选民，但是这些数量庞大的产业工人一旦加入阿根廷国籍将占据阿根廷选民的很大部分。另外产业工人在阿根廷经济发展中发挥着重要作，他们的稳定与否关系国家经济是否可以顺利平稳的发展，因此保持与工人阶级的协调和沟通对伊里戈延来说也是至关重要的。与中产阶级相比，阿根廷产业工人的需求更多的是来自经济领域，政治诉求相对要平缓一些。为此，在政治激进党政府在一定程度上支持工会活动，在经济上，有条件地满足产业工人的经济要求，以此来达到稳定工人阶级的目的。激进党政府对工人阶级的态度也不是一成不变的。例如某些行业工人组织的领导人是倾向于激进党政府，那伊里戈延政府便在工人罢工中支持工人或者至少保持中立。但是当劳资矛盾激化影响激进党政府与农牧业主的正常关系时，破坏甚至是镇压罢工就成为伊里戈延政府对工人政策的选择。

激进党对待工人阶级的这种实用主义的政策加之阿根廷工人阶级内部各种思想的竞争导致阿根廷工人阶级虽然人数较多，但是其社会影响力却一直在低水平徘徊。

自19世纪80年代以来，无政府主义是阿根廷产业工人最为追捧的思潮。到20世纪初无政府主义对工人组织和劳资关系采取了更加务实的态度，开始接受仲裁作为解决劳资冲突的机制。而此时阿根廷工人人数激增，要求建立更稳定的组织，更加强调与政府建立长期谈判的渠道以及确保协议得以实施等。无政府主义的这一转变恰恰与工人阶级的转变相悖。1910 年以后，无政府主义衰落。继之而起的是工联主义。工联主义逐渐获得了很大一部分工人阶级特别是铁路和码头工人中得到强有力的支持。

阿根廷的工联主义者最初是在 1904 年从老社会党脱离出来，成立了有别于社会党的独立的工人派别。工联主义的政策也具有明显的务实性。在劳资纠纷中，工联主义表示愿意接受政府调停。同时工联主义抓住了阿根廷产业工人身份的特殊性，更加强调工人阶级的经济利益，有意回避将政治目标作为组织的主要目的。另外，工联主义在组织上却强调其独立性。工联主义的这些政策不仅对当时的产业工人具有很强的吸引力而且也获得了伊里戈延的青睐。

因此在伊里戈延总统时期，激进党政与工联主义建立了较为友好的关系。通过工联主义的帮助，激进党政府几次成功地调解劳资纠纷，缓和了社会矛盾。这种较为友好的关系也为工人组织的发展提供了机会。在伊里戈延第一届政府的前 3 年，工人组织不仅在数量上有所增加，而且扩大到新的行业和地区。1915 年参加工联的工人人数是 20000 人，到 1920 年增加到 70000 人。

伊里戈延构想劳工政策是根据"分配公平"的原则制定的。在他当总统时期，政府"与各方面都保持等距离……罢工的自由不能成为使用刺刀和军剑的暴力"。伊里戈延总统时期，尽管激进党对工人阶级的政策具有很强的实用性，例如当时阿根廷出现了大量的激进面包、激进牛奶、激进肉类、激进种子、激进农场等。但是不能否认激进党政府还是提出一些保障工人阶级利益，改善其生活水平的法律、法令。受到一战的影响，阿根廷失业率急剧上升，到 1917 年为 19.4%。[1] 面对这样的状况，

---

① Ernesto Tornquist, Co. *The Economic Development of the Argentina Republic in the Last Fifty Years*, p.267.

伊里戈延在 1916 年 11 月提出了一个公共工程计划，希望通过政府参与公共服务来增加更多工人就业，但是由于得不到议会的拨款支持而搁浅。伊里戈延总统时期，激进党政府通过法律保障实行八小时工作制、星期日休息、规定最低工资，等等。

从总体上说，伊里戈延政府并没有制定系统的社会立法来保护工人阶级的利益。伊里戈延政府做得最多的是在调解劳资纠纷中满足工人的一些经济要求以期达到调解成功。在面对来势汹汹的罢工潮时，提出一些改善工人阶级社会地位和生活状况的法令以缓和罢工潮对社会和激进党政府的冲击。

但是当工人阶级的罢工影响了出口部门正常的运行，导致伊里戈延与寡头势力直接对立时，伊里戈延大多选择了放弃支持工人的政策转而倾向于保护资本家和寡头的经济利益。

1917 年末到 1918 年初，在布宜诺斯艾利斯省，由美国资本控制的巴罗斯索（Berisso）冷冻厂发生工人罢工，政府的反应是派军队保护工贼，破坏罢工。激进党政府之所以如此，一是因为外资威胁说，如果政府不能保证"劳工平静"，就要将他们的工厂撤出阿根廷迁到邻国乌拉圭。二是，这个工厂中大多数是外籍工人，对激进党的选票影响甚微。三是，此地区的工会组织虽然势力比较弱小却受到强硬派控制。因此激进党对这类工会组织采取激烈措施也不会引起后续太多的反映。受到多重因素的影响，伊里戈延对此次工人罢工采取了强硬政策。

1917 年 9 月，兄弟会（La fraternidad）和铁路工人联合会（federación obrera ferrocarrilera）等组织发动了要求提高工资、履行工作条例等要求的总罢工。受到此次罢工的影响，阿根廷大部分经济部门尤其是与出口经济相关联的部门陷入严重瘫痪。与对待 1916 年的早期铁路工人罢工不同，在这场罢工中激进党政府没有支持工人，而是毫不犹豫地使用了镇压手段。此外，政府还通过新闻媒体加强宣传，谴责罢工活动。最后，

1918年激进党政府颁布法令明文禁止任何工会组织进行中断铁路运行的任何罢工活动,以保证出口合同得以顺利完成。

当罢工活动威胁到阿根廷的进出口部门,威胁到国内外资本利益时,伊里戈延最终还是会使用镇压手段,打击罢工工人,保证阿根廷开放式经济的有序发展。伊里戈延的这种态度主要是想通过从经济上保证大农牧业主的要求来减轻大农牧业主在政治上对伊里戈延政府造成的压力,减轻寡头势力对激进党政府的敌视。

1918年伊里戈延指出"政府首要的职能是调整社会财富的分配,保障广大无产者免遭贫困,反对自私自利和麻木不仁肆无忌惮地发展"[①]。1919年伊里戈延的合作伙伴弗朗希斯科·贝伊罗(Francisco Beiró)说:"古老的欧洲社会中的罪恶和并发症不会在这里复活。即使工人阶级的正当要求受到忽视也不可能引起经济混乱给社会造成麻烦,因为政府早有准备,会给予恰当的解决。"[②]与对待中产阶级政策相比,激进党的劳工政策更加随意、更加实用。激进党的劳工政策是在保证进出口部门的根本利益条件下,适当地、适时地满足工人在经济上的部分要求,以此来实现劳资关系的平稳,缓和社会矛盾,稳定社会秩序,为激进党政府保驾护航。

其实,无论是对待中产阶级还是工人阶级,伊里戈延的政策依旧延续了1916年大选之前的基调。这段时期,激进党主要是在对待地方保守派的政策上做出了调整。在伊里戈延担任阿根廷总统之前,激进党为了削弱自己的反对力量,对内地农牧业主采取克制的态度,在经济、政治等方面尽量不去触动他们的利益。1916年大选之后,情况发生了改变。作为总统,伊里戈延更多考虑的是政权稳定,因此改变地方农牧业主做

---

① Raúl Alfonsín. *Qué es el radicalismo*,p.103.

② Hipólito Yrigoyen. *Pueblo y gobierno* , Roberto Etchepareborda, ed. Ⅰ , p313, In David Rock. *Politics in Argentina 1890–1930*. The rise and fall of radicalism, p.118.

大的局面就势在必行了。

伊里戈延尽量通过各种手段从保守派手中夺取政治权力，加强激进党在地方政治中的地位。伊里戈延主要是使用总统手中的"联邦干预"的权力，利用行政命令，通过强制性手段改换地方政府，将激进党人士安排到重要的岗位，保证激进党对这些省份的控制。伊里戈延还通过"联邦干预"干预调解激进党中不同派别在地方政治中的矛盾冲突，从而加强自己在激进党和国家政治中的权力和地位。出于以上目的，伊里戈延时期，"联邦干预"使用的频率大大高于保守派政府时期。从 1860 年到 1911 年，使用"联邦干预"累计是 82 次。从 1916 年到 1922 年第一任期内，伊里戈延共使用了 20 次"联邦干预"的权力，其中大部分是通过行政命令强制执行。仅从 1917 年 4 月 24 日到 1919 年 10 月 17 日，伊里戈延政府就相继对 10 个省进行了干预。[①] 这 10 个省的省长原本都是保守派成员，通过总统的干预，这 10 个省中有 8 个省的省长由激进党成员取代，激进党政府在这些省夺取得政权。在 1928—1929 年，除了两个省之外，阿根廷所有的省都受到忠于伊里戈延的"个人效忠派"的控制，其中 8 个省是通过选举掌握政权，另外 4 个是则是通过伊里戈延手中的"联邦干预"的权利取得控制权。

伊里戈延对地方的"联邦干预"需要频繁地动用军队来维持秩序。这就要求军队承担了更多的政治任务。伊里戈延的这种做法引起了军队的强烈不满，部分军官指出，使用军队进行"联邦干预"会严重影响军队的训练，影响军队的质量。更重要的是激进党使用军队从反对派手中夺权触犯了阿根廷军队的传统即军队职业化，恶化了伊里戈延与中上层军官的关系。

在激进党成执政党后，除了在对待地方保守派方面做出一些调整之

---

① Annel. Potter. The failure of development in Argentina 1916–1930: An institutional perspective. *Journal of Latin American studies*, Vol.1, 1981.

外，激进党的政策基本没有发生根本性改变，基本延续了1916年之前伊里戈延所开创的基调。激进党政策的相对稳定为阿根廷早期民众主义的顺利发展创造了条件。在伊里戈延总统时期，阿根的早期民众主义基本形成即通过调和、折中的舆论宣传与"分而治之"的实践行动相结合确保激进党政权的稳定和巩固。

此时的阿根廷民众主义是早期阶段，是一种较为温和的早期民众主义。伊里戈延在运用早期民众主义时也是小心谨慎，尽量避免社会矛盾激化甚至出现社会的分裂。即便如此伊里戈延的民众主义政策还是引起了大农牧业主的不满。1919年"悲惨的一周"事件之后，伊里戈延受到来自保守派的强大压力，尤其是来自实力和影响不断增强的统一爱国联盟（ultranationalist liga patri ó tica）的攻击。为了有效地消除"悲惨的一周"给激进党和伊里戈延带来的强大负面冲击，伊里戈延民众主义的政策显得更加摇摆和实用性。伊里戈延继续扩大庇护体系，通过各种手段恩惠中产阶级，维持中产阶级对激进党和伊里戈延的支持。同时激进党还采取措施降低生活费，提高工人工资，改善工人生活条件等在工人阶级中树立形象，重新挽回已经失去的工人阶级对伊里戈延和激进党的支持。但是由于国际经济环境的恶化严重影响了阿根廷出口部门，国家财政收入减少。伊里戈延赖以恩惠中产阶级，提高工人工资的财政来源受阻，伊里戈延手中借以"招兵买马"的"王牌"大打折扣。

早在"悲惨的一周"时，伊里戈延政权就受到来自军队和大农牧业主的威胁。在此之后，伊里戈延希望通过对政策的修修补补度过这场政治危机，但是压力在1921年达到极限。一方面，来自大农牧业主和外国利益集团的反对声在增长。经过"悲惨的一周"，中产阶级对伊里戈延劳工政策的不满愈加鲜明。同时经济形势的恶化影响了中产阶级的经济利益。所有这些都动摇了中产阶级对伊里戈延的支持。另一方面，工人的骚动又扼制布宜诺斯艾利斯码头正常的运行甚至存在切断阿根廷与海外重要贸易联系的危险。在中产阶级动摇，工潮不断时， 1922 年总统选举即将来临时，伊里戈延的再一次获胜似乎成为不确定。伊里戈延选择了"以退为进"的策略。伊里戈延不仅计划选出他可以控制的继承人，而且打算在宪法规定的 6 年之后再次参加选举。

第三章　早期民众主义的发展（下）

伊里戈延卸任后，阿根廷早期民众主义并没有随之退出历史舞台。在阿尔维亚尔政府时期，早期民众主义在一定程度上保护了阿根廷的政治民主化进程。当然，早期民众主义的继续发展也为伊里戈延再度当选总统创造了条件。1928 年伊里戈延再次当选为阿根廷总统，早期民众主义也再次进入阿根廷政治的核心。

但是由于当时国际贸易环境的恶化、阿根廷经济的衰退，加之早期民众主义的不成熟等而引发了一系列的社会危机，导致社会矛盾迅速激化。社会各阶级对伊里戈延政权的不满情绪在累积。1930 年，阿根廷保守派通过军事政变的方式推翻了伊里戈延政权，重新控制了国家。早期民众主义也由此而走向衰落。

一、早期民众主义的余温

激进党政府时期，伊里戈延利用早期民众主义搅动了阿根廷政局，震撼了保守派势力。

1916 年伊里戈延在总统大选中是以微弱的优势战胜保守党当选为阿根廷总统。在这次大选中败北的保守党并没有完全退出阿根廷政治舞台。保守派只是在静观阿根廷民主政治的发展。保守党失利的主要原因是对选举形势的误判和内部的分裂。从当时的现实来看，阿根廷社会中最有发言权、最有势力的还是掌握国家经济命脉的以大农牧业主为基础的保守派势力。保守党在 1916 年大选之后对阿根廷政局的变化一直保持相对的沉默，也没有试图通过非法的或者更强硬的手段来恢复暂时失去的权利。他们固然完全有能力采取行动，否定选举，但是保守派还是接受了选民的意愿。这也表明阿根廷的上层精英虽然在政治上倾向于保守，但是随着农牧业经济霸主地位的巩固和阿根廷社会的进步，他们对民主政治也在逐步地接受。保守派领导人罗德尔夫·莫雷诺（Rodolfo Moreno）在谈及当时阿根廷政治发展时指出："时代召唤政治活动的新形式，政党应该做自我调整以获得必要的群众支持，同时也应该遵循民主行事，顺乎民意。"①阿根廷上层精英不仅接受了政治民主化的事实而且认识到政党要想在民主化中生存、发展，必须调整自己，扩大自身的社会基础，得到群众的支持。当然保守派接受新的政治形式是有条件的即任何民主政治都不能侵犯他们的利益。

在作为反对党领袖时期，伊里戈延大肆地宣传激进党的民主政治思想，宣扬要在阿根廷建立真正的民主政治。1916 年激进党成为执政党之后，伊里戈延政府并没有彻底实现他的诺言。在第一届政府时期，伊里戈延通过早期民众主义政策扩大了阿根廷政治体系的包容性和社会的参与性。但是早期民众主义并不是一个系统的、规划周密的建设阿根廷民主社会的理论，而是伊里戈延通过拉拢中产阶级，安抚工人阶级，稳定社会上层来达到政治目标的理论。早期民众主义实践的途径也比较简单，一是在一定程度上满足选民在经济和政治上的要求进而获得选民的直接支持，或者是通过建立私人关系网缓和社会矛盾，维护社会稳定，再有就是直接通过行政命令的方式稳定政权等。所以早期民众主义的实践并没有完全实现伊里戈延早期的设想，而是给阿根廷政治带来了许多非制度化的甚至是不合法的特点。早期民众主义的实践与代议制民主政治的本质存在一定反差。这就引发阿根廷社会对伊里戈延式的民主产生怀疑、

---

① Mustapic. El partido conservador de la provincial de Buenos Aires . cited from Roy Hora. *The landlord of the Argentina pampas :a social and political history 1860–1945*. New York：Oxford university press , 2001, p.162.

失去信心。另一方面更为重要的是这种政策在中央和地方各个部门中对保守派势力的排斥和挤压已经触犯了保守派所坚守的底线，保守派已无法泰然处之。保守派对阿根廷政治发展的不满情绪愈演愈烈，对阿根廷政治走向的不确定更加紧张。为此在伊里戈延第一届政府的后期，保守派纠集了反伊里戈延的各种势力，酝酿推翻伊里戈延政权，国内支持伊里戈延的部分传统势力也逐渐背离了伊里戈延。

著名学者卢希亚·阿亚格利亚（Lucas Ayarragaray）在研究阿根廷政治变化时指出，当（社会）混乱和权力滥用产生时，推翻一个人的同时颂扬另一个人就足够了。每一个团体都有一个关键性的人物，一个解放者，一个修建者，一个唯一有能力拯救我们的人。没有人相信道德的力量，更没有人相信制度的有效性。① 在阿根廷这样一个政党政治极不健全而考迪罗政治又根深蒂固的国家中，领袖人物的作用非常凸出。当社会成员对执政党充满信心时，在很大程度上是相信执政党领袖的个人能力，相信执政党领袖可以引领社会前进。但是当出现政治危机或政治动荡时，领袖人物也自然成为攻击的目标。对阿根廷社会来说，在大多数情况下，更换领导人似乎比推翻一个政党政府更为重要，更切实可行。

在这样一个社会中，保守派清楚地认识到反对伊里戈延个人要比推翻激进党政府更加有效、也更加经济。在这样的背景下，到1922年左右，伊里戈延成为当时阿根廷政治斗争的焦点和众矢之的。为了保持激进党的执政党地位，消除保守派的不满，平息正在酝酿中的社会冲突，伊里戈延决定暂时调整激进党的领导人，采取了"以退为进"的政策，主动地从政治前台退到幕后。伊里戈延是想通过从表面调整党的领导人，转移反对派的注意力，缓和激进党与保守派之间的矛盾和冲突。当然除了

---

① Lucas Ayarragaray. La anarquía argentina y el caudillismo,pp.100–101" cited in segundo V. linares Quintana. The Etiology of Revolution in Latin America. *The Western Political quarterly*, 4, June, 1951.

这些客观因素外，这次暂退也体现了伊里戈延的自信。伊里戈延确信此时的激进党还似一个没有出过远门的孩子，虽然向往独立，但是依然对他本人有着浓浓的依赖。同时，经过 6 年的执政，伊里戈延在党内笼络了大量的亲信，控制着党和国家的重要部门。所以即使不担任阿根廷总统，伊里戈延也可以通过丰满的党羽关系操纵激进党，监控阿根廷政局。在这种背景下，伊里戈延选择了改良派马塞洛·T. 德·阿尔维亚尔为继任者。

阿尔维亚尔来自阿根廷最古老和最富有的一个家庭，在政治上奉行"保守自由主义"，更接近于培尼亚派，也较容易被保守派所接受。1922 年阿尔维亚尔取代了伊里戈延当选为阿根廷新总统。1922 年阿尔维亚尔当选阿根廷总统后，早期民众主义出现暂时的低潮。阿尔维亚尔上台以后，国际经济形势出现逆转，一战后繁荣基本结束，阿根廷出口产品的市场呈现饱和状态，国际贸易环境的恶化，阿根廷经济再次出现危机。1921 年，英国政府宣布停止贮存来自阿根廷的供应，取消肉类管制，并开始清理自己的仓库。英国是阿根廷农牧业产品最大的出口市场，阿根廷出口产品的大约 30% 都是供应英国市场的消费。英国这个国际市场需求量的波动必然会影响阿根廷出口产业的发展，甚至会波及整个阿根廷社会。由于受到一战以后英国经济政策调整的影响，1921 年，阿根廷屠宰供出口的牛的头数比 1918 年减少了一半多，其价格也降低了一半。冰冻牛肉和罐头牛肉的生产更是一落千丈，几乎陷入停顿。阿根廷社会赖以发展的出口经济一度陷入困境。阿根廷出口经济的不景气给阿尔维亚尔政府带来了巨大的困难。

为了带领国家度过经济萧条时期，摆脱经济困境，阿尔维亚尔开始使用背离激进党传统政策的一些手段。首先，在 1923 年阿尔维亚尔向议会提出改革国家关税的建议，建议将进口税的估价统一提高 80%。议会虽然没有完全满足阿尔维亚尔的要求，但是还是将估价的比率调整为

60%。由于一战后通货膨胀的急剧发展，进口关税估价的提高并没有对阿根廷经济产生什么实质上的影响，仅够补偿大战期间进口物价的上涨。提高进口品的估价关税是对经济萧条的被动反应，只在于在增加政府收入的同时减少进口，防止出现外国制造商大量倾销的事件。1923 年的关税改革法对阿根廷工业发展的影响也并不显著，这一时期工业的增长主要是由于新移民和美国的投资。关税改革法虽然对刺激经济发展没有显著的效果，却在国内引起了巨大的反应。人们将关税改革说成保护主义，是阿尔维亚尔政府"人为的"，通过保护政策支持国内工业品生产，导致经济上慢性的缺乏效率，引起经济的徘徊不前。

其次，在关税改革期间，阿尔维亚尔还着手解决政府支出和公共债务问题。1923 年，阿根廷的财政部长拉斐尔·埃雷拉·维加斯预言，由于"偿付 10 亿短期债务和 6.04 亿预算支出"，阿根廷将面临"国家破产"。面对沉重的还贷负担，为了制止经济滑坡，阿尔维亚尔政府决定采取财政紧缩政策，取消伊里戈延政府后期的大量行政任命。从 1922 年底到 1924 年，阿根廷发生了多次反对政府贪污腐败的运动以及一系列的清洗和解职事件。这些政策和事件大多都是针对在国家政府部门供职的中产阶级。阿尔维亚尔执政时期，阿根廷的历史似乎有从伊里戈延时期退回培尼亚时期的趋势，早期民众主义的浪潮也似乎在消退，阿根廷的政治形势出现回流。

阿尔维亚尔政府的税收改革、削减支出以及清理政府职位等政策无论从政治上还是经济上都对中产阶级造成了冲击。在经济上，中产阶级是阿根廷自由式经济发展模式的产物，也是这种经济发展模式的受益者和维护者。阿尔维亚尔的税收改革虽然在实质上没有触动阿根廷的经济发展模式，却影响了中产阶级的经济利益。中产阶级在经济上依赖农牧业产品的出口和日用工业品的进口。在税收改革减少进口的同时，国内工业由于受到移民和美国资本的催化有所发展，这必然引起国内工业品价格的上涨，降低了中产阶级的实际购买力，影响了中产阶级的生活，损害了中产阶级的经济利益。阿尔维亚尔政府的削减政府支出和清洗公共行政部门政策的矛头更是直接对准了中产阶级。削减国家预算支出意味着将缩减国家政府中的工作岗位，减少政府雇员的人数，这就相当于减少了中产阶级进入国家政治生活的渠道。阿尔维亚尔对政府雇员的清洗是直接针对已经进入政治领域的中产阶级，借助伊里戈延恩惠政策进入政府部门的大量中产阶级是这次清洗的主要对象。阿尔维亚尔的紧缩政策打破了伊里戈延为中产阶级开创的美好前程，阻塞了中产阶级参与国家政治的有效途径，损害了中产阶级的政治利益。当然，阿尔维亚尔的政策或许并不是有意识地针对受益于伊里戈延早期民众主义的中产阶级，只是通过"开源节流"的方法引导阿根廷经济摆脱萧条，却在客观上确实给阿根廷的中产阶级带来了经济和政治上的双重困难，大大挫伤了中产阶级对激进党的热情。面对阿尔维亚尔政府的政策与中产阶级利益之间的矛盾，激进党内部出现了分歧，引起激进党的分裂。

虽然激进党始终没有形成一个团结紧密、基础稳固的政党，党内分歧始终存在，但是阿尔维亚尔的政策却直接导致了激进党的分裂。阿尔维亚尔的政策刺激了激进党原有矛盾的激化。早期民众主义的支持者和"自由保守主义"的奉行者之间的矛盾转变为激进党内部固有的大农牧业主和民众之间矛盾。这对矛盾最终造成激进党于1924分裂为势不两立的两派。一派是议会和选区委员会的多数派，他们背弃阿尔维亚尔，表示仍然忠于伊里戈延，又称"个人效忠派"。其余的人自称是"反个人效忠派"的激进党人，这部分人表示反对伊里戈延，主要是党内保守分子和贵族分子组成。阿尔维亚尔政府时期，阿根廷执政党内部的分裂引起国内政治出现严重危机。

在这场危机中，阿尔维亚尔的无所作为更加深了阿根廷的政治动荡和加快了阿尔维亚尔政府的倒台。当激进党内部出现严重分裂时，阿尔维亚尔尴尬的总统地位一览无余。作为国家总统和执政党的领袖，阿尔维亚尔并没有表现出应有的坚定立场和灵活策略，而是表现得举棋不定、左右摇摆。由于政治倾向和政策上的一致性，阿尔维亚尔开始是与"反对个人效忠派"结盟，在党内支持"反个人效忠派"。但是阿尔维亚尔很快就发现他并不是激进党真正的领袖也不是阿根廷政治的真正掌权者，而只是一个政策的执行者。一旦违反或者背离了政策制定者的意图时，阿尔维亚尔就会发现他是孤立的。当阿尔维亚尔与"反个人效忠派"结盟时，阿尔维亚尔面临着更大的政治问题。激进党的真正领导人、阿根廷政坛中真正实权派人物伊里戈延是绝对不允许阿尔维亚尔脱离自己的掌控，破坏自己的计划。当时在阿根廷众议院中占多数的伊里戈延派破坏阿尔维亚尔的立法计划，导致阿根廷政治陷入僵局。

在政治陷入僵局、政党出现分裂的情况下，一方面为了保持党的统一，另一方面是为了打破政治上的死局，1925 年阿尔维亚尔脱离了"反个人效忠派"，拒绝给予"反个人效忠派"以支持。阿尔维亚尔这次态度上的转变为阿根廷政局的变化打开了大门。没有了总统支持的"反个人效忠派"很快瓦解和退却，最终只能以一个地方反对派的身份走上与保守派妥协的道路。在这次政治较量中取得上风的伊里戈延派的势力得到急遽膨胀。1924 年，他们重建了党组织，在 1926 年的议会中期选举时，伊里戈延派的党组织遍布城乡，赢得了广泛支持。伊里戈延派在竞选过程中又重新扬起民众主义大旗，在全国各地广泛宣传，向选民进行许诺，暗示各阶层民众都将分享到竞选成功的果实。同时伊里戈延的支持者"竭力美化他们的首领，强调他作为人民领袖的品德，渲染他从前的业绩"①。到 1928 年，伊里戈延获得了在阿根廷历史上前所未有的声望。

激进党内的派别斗争为伊里戈延重新上台做好了充分的准备，但是

----

① 〔英〕莱斯利·贝瑟尔主编：《剑桥拉丁美洲史》（第 5 卷），社会科学文献出版社，1992 年，第 449 页。

伊里戈延第一届政府时期的民众主义政策给保守派带来的阴影依然没有褪去。阿根廷国内的保守派分子联合反伊里戈延的各种势力蠢蠢欲动，试图阻止伊里戈延重新当政。

此时，伊里戈延巧妙地打出了石油国有化的牌，将矛头对准了美国的石油资本，特别是新泽西标准石油公司。在竞选的关键时刻，伊里戈延提出国家要垄断石油的政策主张，用心良苦。

从 1907 年阿根廷在里瓦达维亚海军准将城发现巴塔哥尼亚油田以来，阿根廷开始了石油开采。阿根廷石油史的特点是国家从一开始就在石油业中居领导地位以防止石油资源落入外国公司手中。但是一战后，国外石油资本还是不断地向阿根廷石油业渗透。到 1928 年，私人公司供应的产量占里瓦达维亚海军准将城产量的 1/3，占内乌肯省普拉萨温库尔产量的 2/3，占萨尔塔和门多萨小油田产量的全部。在外国石油公司中最著名的是美国标准石油公司。它在几乎所有的石油相关部门都有投资。同一战前一样，它仍然是最大的石油进口公司，并且控制着国内主要的销售渠道。

20 世纪 20 年代，由于外国石油资本的来势汹汹的侵入引起了私人石油公司与阿根廷石矿总局之间为争夺支配地位而发生的激烈的冲突。在这种情况下，布宜诺斯艾利斯的公众舆论恢复了战前对外资的那种敌视态度。伊里戈延及时地抓住了这次可以从公众情绪中获取政治利益的机会，于 1927 年提出要将全国的所有石油都置于国家控制之下，并要把这种垄断扩大到炼油、石油副产品和销售业的主张。

伊里戈延当时提出国家对石油产业控制的主张产生了"一石三鸟"的效果。首先，伊里戈延许诺说一旦石油收入被国家控制，国家收入就不会再受到不可预测的对外贸易起落的影响。此后，公共部门和官僚机构的扩大就几乎不受什么限制了。为此，国有化得到了中产阶级的热烈欢迎。中产阶级再次给予伊里戈延强大的支持。其次，如果伊里戈延能把石油控制权置于全国政府之手中，也就是剥夺了各省的这种权利。失去石油收益，各省就在财政上无力与伊里戈延较量；而一旦掌握了石油权利，伊里戈延更有信心保持霸主地位。所以提出国家对石油的垄断也是伊里戈延与"反个人效忠派"和保守派斗争的强有力的武器。最后，在再更大范围内，伊里戈延的石油政策维护了阿根廷与英国的关系，获得了大农牧业主和出口公司的青睐。当时在阿根廷的外国石油公司并非只有标准石油公司，还有英国的石油资本。但是伊里戈延单单将矛头指向美国资本，其中有着深厚的国际背景。

自 19 世纪 20 世纪之交，美国资本开始大幅度地向阿根廷渗透，并且在阿根廷占有了很大的比重，阿根廷从美国的进口值也越来越大。但是美国与阿根廷农牧业经济之间不仅缺乏互补性而且存在激烈竞争关系。因此，在美国国内反对向阿根廷的出口产品开放美国市场的呼声非常强大。美国共和党政府也不得不按照美国农牧业主集团的意志，一直不容许阿根廷大部分货物进口。与美国国内市场相反，美国的出口产品在阿根廷市场上却受到了极大的欢迎，填补了一战以来英国供应不足而留下的阿根廷国内市场的空白。这样，阿根廷对美国贸易出现了严重的贸易逆差。与对美贸易相反的是阿根廷对英国的贸易。由于受到美国产品的排挤，英国产品在阿根廷市场中所占的份额急剧下降。一方面英国国内对阿根廷出口产品的需求并没有减少。另一方面阿根廷的出口产品由于在美国受到限制，所以阿根廷的出口产品仍然主要是流向英国。结果阿根廷对英国的贸易顺差越来越大。20 年代末，阿根廷对英国的贸易顺差大体与它对美国的贸易逆差相当。

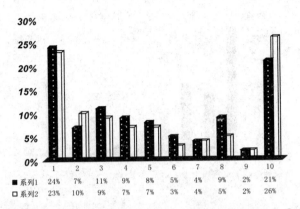

	1	2	3	4	5	6	7	8	9	10
■系列1	24%	7%	11%	9%	8%	5%	4%	9%	2%	21%
□系列2	23%	10%	9%	7%	7%	3%	4%	5%	2%	26%

图 3.1 阿根廷对其他各国出口贸易的比值变化[①]

注：系列 1 表示 1910—1912 年期间，阿根廷对其他各国出口贸易的比值。阿根廷出口总额是 396550488 美元。

系列 2 表示 1921—1924 年期间，阿根廷对其他各国出口贸易的比值。同期阿根廷出口总额是 795000400 美元。

从 1 到 10 分别代表阿根廷的主要贸易国和地区，其中 1 代表英国，2 代表美国。

图 3.1 显示在 1910—1912 年与 1921—1924 年两个时期中，阿根廷产品主要出口国地位的变化。1910—1912 年，阿根廷最大的出口国是英国，出口到英国的贸易值占阿根廷出口总值的 24%。同期，美国在阿根廷出口贸易伙伴中处于于第五位，占阿根廷出口总值的 7%。到 1922—1924 年，上述比例略有所变化，但是各国的基本地位并没有被完全打破。其间，美国所占比例由 7% 上升到 10%，上升了 3 个百分点。同时，英国由 24% 下降为 23%。即便如此，英国是阿根廷首要出口国的地位依然如故。究其原因是，英国的产业结构与阿根廷产业结构之间的互补性以及美国的农牧业经济与阿根廷主导产业之间的竞争性都没有发生实质性的变化。

---

① 据 Clarence F. Jones. Argentine Trade developments. *Economic Geography*, Vol.2, No.3, Jul. 1926, 图 34 编制。

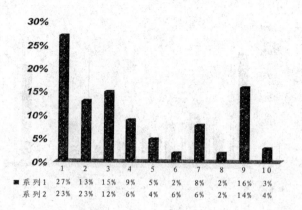

	1	2	3	4	5	6	7	8	9	10
■ 系列1	27%	13%	15%	9%	5%	2%	8%	2%	16%	3%
系列2	23%	23%	12%	6%	4%	6%	6%	2%	14%	4%

图 3.2 阿根廷进口贸易中各国所占的比值变化

注：系列1表示1910—1912年期间，阿根廷进口贸易中各国所占的比值。同期，阿根廷进口总额是395964854美元。

系列2表示1921—1923年期间，阿根廷进口贸易中各国所占的比值。同期，阿根廷进口总额是742126733美元。

从1到10分别代表阿根廷的主要贸易国和地区，其中系列■1代表英国，□2代表美国。

图 3.2 显示的是阿根廷进口国地位的变化。1910—1912 年，阿根廷进口的产品大多来自英国，英国产品占阿根廷进口值的 27%。当时，美国也在为阿根廷提供进口产品，美国产品所占的比例是阿根廷进口值的 13%。1921—1923 年，这种比例结构发生了根本性的变化。由英国进口的产品占阿根廷进口总值所占的比例降为 23%，而从美国进口的产品占阿根廷进口总值有了显著提高，上升到 23%。在 1921—1923 年期间，美国后来居上，在对阿根廷出口中与英国占据了同等的地位。出现这种变化与一战后美国经济实力、运输能力、产品的国际竞争力等增强有着密切的关系。

就图 3.1 和图 3.2 进行对比，我们不难发现，在阿根廷与美国和英国贸易的发展中出现了不协调的情况。在阿根廷对英国的出口值没有明显减少的情况下，阿根廷从英国的进口值却大大降低。相反，阿根廷对美国的出口没有发生实质性突破的情况下，阿根廷从美国的进口值却大幅度地增加。这种贸易的不平衡在阿根廷和英国都引起了强烈的反响。

为了减少贸易不平衡，英国国内掀起一场主张帝国优惠的运动，将英国市场上从前给予阿根廷的份额给予英国的自治领。如果英国实现了帝国优惠制对阿根廷的农牧业出口经济来说将是一个致命的打击。为此，在阿根廷国内对美国资本和企业的不满情绪逐步高涨。在这样的国际、国内背景下，伊里戈延选择美国石油资本标准石油公司作为目标是极其明智的选择。首先，伊里戈延不仅可以利用民众情绪，而且可以自诩为国家利益和草原地区的上层分子的利益而斗争。其次，在处理石油问题时又避免了冒犯英国而招致英国的贸易报复。在打倒标准石油公司以后，伊里戈延显然打算让英国人成为石油和石矿总局所需设备的主要进口商。这样可以减少对英国的外贸顺差，在帝国优惠制面前改善阿根廷的谈判地位。

所以说伊里戈延在1927年提出国家对石油的垄断起到了非同寻常的效果。通过这场运动，伊里戈延获得了广泛的支持，为他的第二次上台铺平了道路。1928年总统选举中，伊里戈延对保守派和"反个人效忠派"的选票是838583张对414026张，以极大的优势战胜了保守派和个人效忠派，再次当选为阿根廷总统。

1928年总统大选中伊里戈延派的大获全胜给阿根廷保守派带来了极大的恐慌。在1928—1929年，阿根廷全国除了两个省之外，所有的省都受"个人效忠派"的控制。"个人效忠派"不仅在中央和布宜诺斯艾利斯省和联邦首都占有优势而且对省一级的控制变得十分明显。照此发展下去到1930年"个人效忠派"不仅可以完全控制众议院而且可以控制参议院。保守派对伊里戈延势力膨胀的恐慌最终激化了阿根廷上层的反抗情绪。

　　从 1922 年阿尔维亚尔担任阿根廷总统到 1928 年伊里戈延再次当选为阿根廷总统是早期民众主义发展的一个低潮期。这段时期虽然是阿尔维亚尔执政，但是阿根廷的历史并没有走出伊里戈延时期，早期民众主义的本质没有发生变化。阿尔维亚尔政府是在伊里戈延和早期民众主义的阴影下运转。阿尔维亚尔本人虽然出生于富有、古老的家族，在理念上奉行"保守自由主义"，然而其政府的基础是阿根廷早期民众主义和阿根廷的中产阶级。阿尔维亚尔并没有认清这个事实，在执政过程中从经济和政治上都损害了中产阶级的利益，动摇了早期民众主义的社会基础，其结果自然是引起政局的不稳。当阿尔维亚尔意识到这种现实，力图进行弥补时，中产阶级已经选择了由伊里戈延从幕后再次走向台前来稳定社会。

　　阿尔维亚尔代表了激进党内部保守派色彩更浓厚的一支。阿尔维亚尔当政时，政府与保守派势力的矛盾得到了缓和。保守派势力又开始进入政府高级职位，政治上开始抬头。1922 年到 1927 年，布宜诺斯艾利斯市的市长这个关键职位一直由阿根廷爱国联盟主席的儿子卡罗斯·诺安罗（Carlos Noel）担任。当时在阿根廷各级政府中都有大量类似情况。同时，阿尔维亚尔政府时期，政府与工人阶级之间的矛盾也未激化。1918 年阿根廷工人罢工 196 次，1919 年为 397 次，1922 年是 116 次，1923 年 93 次，1924 年 77 次，1925 年 89 次，1926 年 69 次，1927 年 58 次。总体来说，从 1922 年到 1928 年，罢工运动较前一时期从数量上有大幅度降低。其中不能否认与阿尔维亚尔注意改善工人生活状况有密切的关系。1925 年阿根廷通过工资保障法，1927 年又通过调整工人工作时间等法律。这些法律的出台减轻了工人的生活压力，缓解了政府与工人之间的矛盾。

　　阿尔维亚尔政府时期，社会矛盾并不是非常尖锐，只是政府与中产阶级的矛盾突出。1928 年阿尔维亚尔与伊里戈延之间政府的变更从客观上讲是激进党内部派系斗争的结果。

二、早期民众主义走向衰落

1928 年在总统大选中，伊里戈延借助国内高昂的民众情绪再度当选为阿根廷总统。这次大选与 1916 年大选最明显的区别是在这次大选中伊里戈延以绝对的优势战胜了保守派与"反个人效忠派"的联盟。但是这并不意味着保守派的势力在加速衰退，在退出政治舞台。伊里戈延的再度当选在很大程度上受益于当时高昂的民众热情。这股激情来自伊里戈延为广大民众所描绘的美好蓝图。伊里戈延是乘着这股热情和对民众的许诺而赢得选举胜利。当伊里戈延获胜后，这股热情则要看伊里戈延兑现许诺的进度情况。

1928 年伊里戈延再次当选为总统后，早期民众主义没有什么实质性的变化和发展，只是表现得更加主观性和非制度化。在多次遭受经济危机的打击之下，到 1929 年阿根廷经济、政治都陷入严重的困境。在这种情况下，伊里戈延政府无力抗击危机、化解矛盾，最终导致政局垮台、早期民众主义衰落。

第二届伊里戈延政府时期，阿根廷的经济发展模式依然没有受到质疑，至少没有引起激进党政府的反思。出于政治目的，伊里戈延不但没有纠正阿根廷经济发展中已经出现的弊端，反而继续鼓励和推动阿根廷经济顺着原有轨道持续发展。伊里戈延这样的经济政策看似符合阿根廷大农牧业主利益，也迎合了中产阶级的经济诉求。"这种性质的经济必然呈现出周期性的波动：当中心发达国家的经济增长比较顺利，国际市场对有关产品需求不断扩大时，初级产品出口国经济便得以增长速度；相反，当发达国家经济陷入危机，国际市场对有关产品的需求停滞不前时，出口经济同样会陷入危局。"①阿根廷经济发展已经险象环生的时候，激进党政府出于稳定选民的目的并没有提出改革方案，这为"美好时代"的终结和激进党政府的垮台埋下了祸根。

在政治上，伊里戈延基本沿用其以前的政策，开始大肆利用手中的行政权力"造福"选民，公职人员的数量急剧攀升。到 1929 年中，所有的行政部门实际上都成了为政府的政治目的而服务的职业介绍所，国家支出明显上升。1928 年的国家财政收入比上一年减少 10％，而政府支出却增加了 22％。1929 年，差距进一步扩大。1930 年，国家收入大约维持到 1928 年的水平，而支出却比 1928 年高出约 23％。②伊里戈延上台之后，石油问题并没有像伊里戈延所设想的那样得到顺利解决，石油国有化的立法案在参议院遭到冷落。政府的财政状况虽然还能维持国家的正常运行，但是没有得到迅速改善。

1929 年源于美国的经济危机以惊人的速度和力度横扫资本主义世界，将全球带入经济大萧条。由于受到经济危机的袭击，国际贸易和国际金融的环境都在恶化，阿根廷的经济发展模式以及阿根廷在国际贸易中的地位都决定了处于国际贸易漩涡中的阿根廷经济必然遭到沉重打击。初级产品出口的价格大幅度下降，1929 年 12 月至 1930 年 12 月，小麦价格下降50％，棉花价格下降 40％，羊毛等价格下降超过 30％。这些产品价格的下跌直接导致阿根廷出口收入的锐减，由 20 世纪 20 年代后期的年均约 10亿比索下降到 1931 年的 6 亿比索。大萧条还导致外资流入的减少。1930年投资额是 12.5 亿比索，1930 年跌至 7.7 亿比索。大萧条直接冲击了依靠初级产品出口而发家致富的农牧业主。"在经济萧条的打击下，出口与地

---

① 董国辉：《阿根廷现代化道路研究——早期现代化的历史考察》，世界图书出版社，2013 年，第 88 页。

② 〔阿根廷〕卡尔·E.索尔伯格：《阿根廷的石油和民族主义》，加利福尼亚斯坦福大学出版社,1979 年，第 149 页。转引自〔英〕莱斯利·贝瑟尔主编：《剑桥拉丁美洲史》（第5 卷），社会科学文献出版社，1992 年，第 457 页。

产集团要求大幅度减少政府开支，以减少对信贷和利息率的压力，使银行能够更加有效地对陷入困境的土地所有者和商人做出反应"[①]。

在出口收入下降，外资流入减少的情况下，激进党政府出现财政困难。如果政府还是按照原来的惯例，实行扩张性财政政策，阿根廷的财政状况无法承担这副重担，国家必将走向财政破产。伊里戈延不得不采取紧缩和节约政策。伊里戈延用以维持选民支持的财政扩张政策也走到了尽头。当政府开始削减国家支出时，伊里戈延的吸引力也开始迅速衰落。减少国家雇员人数是政府削减开支的直接途径。这不仅意味着现有的政府行政工作人员有可能要失业，而且意味着中产阶级进入政治领域机会的减少。中产阶级支持伊里戈延的初衷是要借助激进党的有力政策获得更多的参政机会和更具社会地位的工作。然而一旦国家减少政府开支，中产阶级的愿望就变得遥不可及。伊里戈延的财政政策背离了初衷，引起中产阶级的强烈不满。中产阶级要求政府实践竞选时的承诺，为中产阶级提供更多的机会，扩大中产阶级参政的范围。而此时的激进党政府已无力兑现诺言。中产阶级对激进党政府的支持热情在消退，对伊里戈延政府的不满情绪在加剧。

经济危机也将阿根廷工商业推到了破产的边缘。随之而来的是大量工人失业、工资缩水，物价飞涨，工人的生活陷入严重的困境。阿根廷出现大量急需获得国家救济的基本生活无保障的流浪人口。然而此时在经济上捉襟见肘的激进党政府不得不实行财政紧缩政策，根本无力增加救济。当社会需要政府帮助的时候，政府非但没有增加救济，反而采取紧缩政策，任凭社会在痛苦中挣扎，阿根廷社会矛盾迅速激化。社会上层由于经济利益的受损而心怀仇恨，中产阶级由于希望的落空而心存不满，工人阶级由于生存没有保障而心存怨恨。

---

① 〔英〕莱斯利·贝瑟尔主编：《剑桥拉丁美洲史》（第8卷），当代世界出版社，1998年，第7页。

对于伊里戈延的财政紧缩政策，"保守分子认为减少得不够快，而激进分子又认为减少得太快"，"这时，出口与地产集团（多数为保守分子）和城市中产阶级（多数为激进分子）之间争夺迅速缩小的资金来源，而伊里戈延则成了这种争夺的牺牲品"[①]。

在这种背景下，1930 年 3 月举行议会选举，伊里戈延得票数比 1928 年减少了 25%，由约 84 万票降为 62 万票多一点，伊里戈延遭到自 1924 年党分裂以来的首次选举失败。此次的议会选举是保守派与激进党竞争公开化的开始。保守派通过报刊对伊里戈延政府的腐败进行了大肆揭发，对伊里戈延进行强烈的人身攻击等；在行动上，通过挑拨离间促使原本就并不团结的激进党出现的争权夺利的纷争，分裂为你争我夺的不同派系。激进党开始四分五裂，越来越多的伊里戈延的追随者开始变节。

在这关键时刻，伊里戈延最顽固的反对者抓住机会彻底推翻了伊里戈延政权。1930 年 9 月，何塞·乌里武鲁将军成功地领导了推翻伊里戈延的军事政变。"保守分子长期痛恨伊里戈延。他们在 1928 年选举以前就不遗余力地破坏他的声誉，并在选举后不久就开始推翻他的阴谋。他们因经济萧条而找到了推翻伊里戈延的机会"[②]，发动了一场推翻激进党政府的"1930 年革命"。《阿根廷之谜》的作者费利克斯·魏尔曾对 1930 年革命军事政变中阿根廷社会状况回忆说："无人……举起手来保卫合法政府。工人们漠不关心，很冷淡，没有人号召罢工，也没有举行示威，没有一家工厂或者商店关门……有这么多的政府雇员，特别是警察和军官，一些时候没有领到工资。军人官僚和民政官员，对于由一个老迈昏庸而不诚挚的政治家掌管的合法而无偿付能力的、腐败了的政府，换成由一位将军掌握的、有希望得到银行好感的、能够及时发工

---

① 〔英〕莱斯利·贝瑟尔主编：《剑桥拉丁美洲史》（第 8 卷），当代世界出版社，1998 年，第 7 页。
② 〔英〕莱斯利·贝瑟尔主编：《剑桥拉丁美洲史》（第 8 卷），当代世界出版社，1998 年，第 7 页。

资并能够给予他的追随者以丰厚报酬的政府，并不在乎。"①1930年的军事政变是由保守派所发动的，但是政变之所以可以成功很大程度上是由于早期民众主义的不济而造成的。伊波利托·伊里戈延倒台后，被放逐到拉普拉塔河口的马丁加西亚岛，一直到1933年去世。

1930年9月的军事政变彻底结束了阿根廷历史上的伊里戈延时期，也为阿根廷政治引入了新的符号、新的特点。"在这位现在已衰弱不堪，有时在道德上有过失误但并不完全包藏祸心的人物身上，体现了阿根廷代议制民主的一度存在和消亡。阿根廷在他去世后找到了新的方向。中等阶级在永远保持最大权利的希望上受了骗。保守派在军方的保护下恢复了权利，并维持政权达10年之久，直到1943年发生军事政变和庇隆上台。"②它"打开了通往现代阿根廷的门路……搞垮了宪法政府，产生了一长串微弱的，并不断为军事政变和军人独裁所打断的民主政体，这是阿根廷政治的主要特征，一直延续到80年代"③。

三、小结

阿根廷早期民众主义是伊里戈延领导激进党、发动民众力量，一步步由反对党领袖最终成为执政党领袖的过程中形成的。激进党的政策是对早期民众主义的诠释。

伊里戈延与激进党和早期民众主义是在阿根廷特定的社会环境中彼此成就了对方。如果没有伊里戈延个人的政治眼光和政治智慧，阿根廷的民众力量依然处于被忽略和受压抑之中，早期民众主义无从谈起。正是伊里戈延看到了阿根廷社会中的暗流，将被排斥于政治生活之外的

---

① 〔英〕费利克斯·魏尔：《阿根廷之谜》，纽约，1944年，第39页。
② 〔英〕莱斯利·贝瑟尔主编：《剑桥拉丁美洲史》（第5卷），社会科学文献出版社，1992年，第459页。
③ 〔英〕莱斯利·贝瑟尔主编：《剑桥拉丁美洲史》（第8卷），当代世界出版社，1998年，第3页。

民众势力组织起来形成了一股强大的政治力量，并利用了这股力量将激进党从一个被边缘化的反对党改造成为一个以中产阶级为主体的新兴政党，最终成为改变阿根廷政局的执政党。在这个过程中，伊里戈延对老激进党纲领进行了改造。老激进党纲领更多的是提出"不要什么"，伊里戈延则加入了"要什么"的内容。这就使得激进党纲领更具目的性和实践性。伊里戈延对激进党纲领的加工正是早期民众主义的萌芽。同时也正是有了改造后的激进党为载体，早期民众主义才有了走进阿根廷政治核心的机会。从这个角度看，伊里戈延成就了早期民众主义也成就了激进党。同时，早期民众主义和激进党也帮助伊里戈延实现了政治抱负，两度当选为阿根廷总统。如果没有民众力量，伊里戈延就无力与大农牧业主和寡头势力叫板，更是没有希望当选为国家总统。没有激进党，伊里戈延就无法发动和组织民众势力来推动自己的政治生涯逐渐步入高峰。在当时阿根廷特定的社会环境中，早期民众主义、激进党和伊里戈延相互扶持，相互作用，最终改变了阿根廷社会的政治格局。

培尼亚选举法颁布之前，伊里戈延和激进党是被寡头政治体系所排斥的对象。当时阿根廷的政治体系和选举制度没有给伊里戈延和激进党留有更多活动的空间。伊里戈延和激进党在阿根廷旧有的政治体制和选举体系中，只能是以反对党的身份进行抗争，或者是与执政党妥协、成为保守派的小伙伴出现在阿根廷政治生活中。这两种身份和地位都是伊里戈延所不能接受的。通过合法的手段与保守派竞争无望的情况下，作为反对派领袖，伊里戈延的主要政治目标就是打破保守派的政治体系，改变当时的选举制度，瓦解阿根廷僵化、保守的统治集团。伊里戈延的主要政策是揭露寡头政治和选举制度的"保守性""狭隘性"和"不合法性"，通过宣传从理论上瓦解寡头政治的选举制度。在实践中，伊里戈延坚定地支持在阿根廷全国实现"公开""公正"和"公平"选举，通过采取"弃权"的方式对寡头垄断的舞弊选举进行抵制和抗议，使寡头政治更加孤立。正是因为培尼亚选举法之前阿根廷旧的选举法将民众势力排除于选举体制之外，大量的民众势力无法接触到政治权力。伊里戈延通过"弃权"不仅在实践中削弱寡头政治的合法性基础，更重要的是争取了广大民众势力的支持。伊里戈延对旧的选举体系从理论上攻击到实践上抵制的做法对寡头政治造成了强大的压力，推动了培尼亚选举法改革的出台。这种政策之所以取得成效就是因为伊里戈延利用了当时阿根廷社会中存在着数量巨大、处于阿根廷政治生活之外的非贵族势力即阿根廷的民众势力。这部分社会力量尽管在成分上是复杂的，在经济和社会地位上也是参差不齐的，然而他们的共同点就是无论是在政治中或是在经济中都受到寡头政治的排斥和忽略。为此，这股民众势力对寡头政治怀有深深的不满。伊里戈延正是抓住了民众势力的这股情绪，对寡头政治尤其是选举制度提出异议。激进党也借此成为民众利益的代言人，成为"洗涤"阿根廷政治的代表，为伊里戈延和激进党的当政做了准备。

在这股压力之下，1912 年培尼亚选举法通过。培尼亚选举法是阿根廷政治发展史中的一个里程碑，为阿根廷政治生活的变化带来了难得的契机。培尼亚选举法给予了阿根廷普通民众特别是中产阶级更多的政治机会和权利。

伊里戈延敏锐地察觉到了这股新兴选民势力将会对阿根廷选举制度产生巨大冲击，阿根廷的政治生活也将为此发生深刻的变化。面对新选举法，伊里戈延适时地改变了激进党的政策和策略，由以往的"弃权"政策转而实行积极地动员政策，引导新兴选民参与政治。在激进党强有力的动员下，普通民众开始真正进入阿根廷政治领域，对阿根廷政治生活产生影响。培尼亚选举法通过后，伊里戈延通过模糊、折中的宣传避免孤立和排斥普通民众中的任何一部分，尽量在最大程度上获得普通民众的支持。在实践中，出于选票的现实目的，伊里戈延的政策还是倾向于拥有选举权的中产阶级。激进党政策在阿根廷民众中掀起了层层波澜。民众势力搅动了阿根廷僵化的政治生活，为伊里戈延和激进党的上台开辟了道路。这一时期是早期民众主义形成的第一阶段，也是发动民众，利用早期民众主义与寡头势力较量的第一回合。

伊里戈延借助民众主义，利用了普通民众的力量打破了寡头势力对阿根廷政治的垄断，为阿根廷政治翻开了新的一页。1916 年伊里戈延在大选中以微弱的优势战胜了保守派，当选为阿根廷总统。从 1916 年伊里戈延政府开始到 1922 年伊里戈延第一任总统结束为止是阿根廷早期民众主义发展的第二阶段，也是早期民众主义的辉煌期。然而在这 6 年中，早期民众主义并没有褪去其青涩而走向成熟。阿根廷民众主义的发展历程依然停留在早期。尽管如此，伊里戈延时期的民众主义还是对阿根廷社会产生了不可抹去的影响。

早期民众主义的实践推动了由培尼亚选举法所开创的代议制民主政治的发展。培尼亚选举法为阿根廷政治指出了代议制民主的道路。这种代议制民主政治的首秀是由早期民众主义所完成的。

早期民众主义通过动员广大普通民众来否定寡头精英政治的合法性，打破其对政治生活的垄断，进而将民众力量特别是中产阶级带入了阿根廷政治生活中。阿根廷政治领域因此而出现了新的参与者甚至是主角。阿根廷民主政治迈出第一步。中产阶级成为这第一班车的主要乘客。在 1914 年已经占全国人口 35%~40% 左右的中产阶级不仅有关心和参与政治的期许，而且也拥有了参与政治的权利和途径。中产阶级的积极参政进一步强化了阿根廷政治民主化的理念，推动了阿根廷政治民主化的发展。

阿根廷民众力量中的工人阶级也并没有被早期民众主义所忽视。由于阿根廷工人阶级身份的特殊性，伊里戈延采取了更加实用的政策即与工人阶级温和派建立非正式的关系，通过介入劳资纠纷，有选择性的满足工人的要求，以此来获得工人阶级的认同，达到缓和激进党政府与工人阶级之间的矛盾。从某种意义上说，这种政策是以一种非正式的手段容纳了一部分工人阶级。早期民众主义对工人阶级的这种政策是有待商榷之处，但是在缓解工人运动给脆弱的民主政治带来冲击上具有不容否认的作用。此外，激进党政治对工人阶级的接受虽然是非体制的，也是不完全的，但是这种做法在客观上扩大了阿根廷政治体系的包容性。

因此早期民众主义政策搅动了几乎是停滞的阿根廷政治生活，将一部分民众势力带入阿根廷政治生活中。通过早期民众主义政策，阿根廷政治的参与者不仅是数量上的增加而且从质量上提高了民众的政治热情和参加选举的积极性、自主性。中产阶级进入阿根廷政治领域，普通民众政治意识的觉醒和选举意识的提高都是阿根廷民主政治第一步的硕果。早期民众主义通过对社会民众势力的动员和引导完成了阿根廷民主政治的第一步。

在阿根廷民众主义发展进程中，此时的民众主义也只能称为早期民众主义。无论是其理论还是实践都存在一些显而易见的不足和缺陷。首先，早期民众主义理论为激进党和普通民众明确了"要什么"，但是并没有给出"怎么要"的具体答案。这种理论一方面具有很宽泛的适应性，另一方面就显示出理论的不成熟和不严谨，必然影响理论的实践时效。其次，由于理论的宽泛，早期民众主义是具有很强的实践性。但是实践中的早期民众主义又带有很大的随机性和主观性。最后，早期民众主义虽然宣称是改造阿根廷社会的理论，但是在事实上早期民众主义关注的焦点是政治、政权。无论采取何种措施，无论政策发生何种变化，早期民众主义从始至终都是为政治目标服务。这样的一种理论和实践必然造成政策的偏颇，对全局把握的失衡。

第四章 早期民众主义衰落的原因

1930 年的军事政变推翻了伊里戈延政府，这也直接导致阿根廷早期民众主义的衰落。但是阿根廷早期民众主义的失利有其更深层次的原因。阿根廷经济发展模式的单一性及其依附性，社会各阶级经济地位、经济实力以及阶级力量对比的差异性和悬殊性都造成普通民众无力与寡头势力长期抗衡。此外，早期民众主义从理论到实践的很不成熟也是一个重要是原因。总之，早期民众主义衰落是多重因素合力使然，也是民众主义在阿根廷发展历程中的一个必经阶段。

一、阿根廷早期现代化发展的局限性

在阿根廷早期现代化的舞台上，经济主角是初级产品的生产与出口，政治领域主角是寡头精英政治，思想文化领域则是"1837 年一代人"的思想。这三大因素直接推动了阿根廷早期现代化的起步与发展。而阿根廷早期民众主义又恰好是阿根廷早期现代化孕育的众多硕果之一。因此，早期民众主义的发展进程是离不开阿根廷现代化的发展。阿根廷早期现代化为早期民众主义的诞生提供了母体，又为早期民众主义的发展设置了篱笆。

阿根廷的现代化正式起步于以罗加为代表的"80 年代"人当政时期。现代化是一个全面的社会变革过程。现代化的启动和发展推动了阿根廷向更开放，更文明的社会发展。然而由于经济模式和社会结构的特殊性，阿根廷现代化本身又具有相当大的局限性。

阿根廷现代化发展的动力是初级产品生产和出口经济的发展和繁

荣。从 19 世纪七八十年代以来，阿根廷是以羊毛和羊皮出口国的角色进入世界经济体系中。到 70 年代中后期，国际市场上皮张和羊毛的价格下跌，饲养业的地位开始下降。1879—1880 年罗加将军"征服荒漠"的行动虽然没能挽救阿根廷的饲养业却在更大程度上推动了阿根廷经济的发展，开启了阿根廷现代化的大门。"征服荒漠"后，阿根廷获得了广袤的新土地。这些土地后来成为支撑阿根廷经济发展的最宝贵的资本。但此时阿根廷又面临着另外的一个客观现实。当时的阿根廷不仅人口密度低而且交通设施相当的缺乏，内地各省基本处于隔绝状态。受到这种地域上的局限，阿根廷国内贸易不通，国际贸易不畅，内地的产品无法运往沿海出口，海外产品无法深入内地满足当地生活的需要，整个阿根廷社会处于待开发状态。依据当时阿根廷的经济能力，开垦这块生机勃勃的"处女地"实非易事，基本是不可能完成的。

正当阿根廷陷入这种"捧着金饭碗要饭"的时候，国际环境发生了巨大的变化。到 19 世纪 80 年代，欧洲主要的资本主义国家在经历漫长的发展期后积累巨额资本。这些欧洲资本正在寻求出路，急切地向有利润的方向和领域挺进。阿根廷这个待开发的宝地自然成为欧洲资本的一个焦点。于是大量的欧洲资本进入阿根廷，流向当时阿根廷最为急需的以交通为代表的基础设施建设领域。19 世纪 80 年代后期，在外国资本的推动下，阿根廷掀起铁路建设的高潮。而 19 世纪后半期又正好是国际市场对初级产品的需求开始持续上升期。铁路的建设正好沟通了阿根廷初级产品产区与沿海港口，也就疏通了初级产区与国际消费市场。铁路修建首先受益的是初级产品的生产和出口部门。著名的历史学家詹姆斯·斯科比指出："英国资本兴建了铁路，畜牧业改进了技术，草原上的资源得到广泛利用……在这种情况下，土地每年为地主提供 12% 至 15% 的收益，土地价格往往每 10 年提高 1000%。已经掌握土地，权力和金钱的人垄断着大草原上新开发的财富，而耕耘土地和放牧牛羊的人只能勉强糊口度日。"[①]铁路交通设施的建设以及由此带来的初级产品出口的繁荣为阿根廷现代化的发展真正打开了大门。当时阿根廷主要是农产品的出口。与此同时由于受到欧洲市场对畜牧业产品需求的增长，以养牛业为主的畜牧业经济也开始发展。畜牧业产品尤其是牛肉的出口在逐渐增多。19世纪90年代，阿根廷主要以出口新鲜牛肉为主。新鲜肉类有限的保质期制约了当时阿根廷牛肉的出口量，限制了阿根廷畜牧业的发展。因此19世纪阿根廷经济的主要支柱是农产品出口。

进入20世纪，阿根廷出口经济的实质没有发生改变，只是其内部结构发生了变化和调整。20世纪初，来自欧洲的冷冻技术和冷冻运输开始在阿根廷普遍推广，向欧洲出口冷冻牛肉就成为畜牧业出口的主要方式。冷冻技术的引进为阿根廷畜牧业的发展解决了技术上的瓶颈之困，推动了畜牧业产品的出口。在冷冻技术之后，阿根廷又逐渐地采用了更为先进的冷藏技术。冷藏、冷冻技术的使用将阿根廷畜牧业产品的出口推向高峰。20世纪初，在国际市场逐渐扩大和国内加工、运输技术不断更新的推动下，畜牧业经济异军突起，成为阿根廷经济增长的新的兴奋点。

表4.1 阿根廷进口贸易[②]　（单位：百万比索，1950年的比索值）

时间	消费品	资本货	燃料	其他产品	总和
1900—1904	1069	417	86	1240	2806
1905—1909	1604	932	178	1830	4544
1910—1914	2065	1098	285	2271	5719
1915—1919	1634	438	136	1137	3345
1920—1924	2212	924	262	1997	5395
1925—1929	3037	1789	389	3000	8214

① 〔美〕詹姆斯·斯科比：《大草原上的革命：阿根廷小麦的社会史》，得克萨斯州奥斯丁，1964年，第5页。转引自〔英〕莱斯利·贝瑟尔主编：《剑桥拉丁美洲史》（第5卷），社会科学文献出版社，1992年，第345页。

② Roger Gravil. The Anglo-Argentine Connection and War of 1914-1918. *Journal of Latin American studies*, Vol.9, No.1, May, 1977.

Extracted from economic commission for Latin America(CEPAL)El desarrollo económico de la Argentina .(México,1959)

在畜牧业强劲的发展势头影响下，阿根廷农业内部也发生了变化。农业生产的重点转为种植苜蓿等为畜牧业发展提供饲料的作物，在阿根廷形成了农业与畜牧业并行、互补的发展形势。农牧业产品的出口也成为阿根廷的主要对外贸易。不仅有广阔的国际市场而且有丰裕的国内资源的农牧业经济结合体成为阿根廷经济的主流和阿根廷现代化的主要动力。农牧业的结合以及农牧业产品出口的增加奠定了农牧业经济在阿根廷经济中不可取代的地位。

农牧业经济之外的其他产业从 19 世纪 80 年代后期也开始发展。首先是工业的发展。阿根廷工业在 19 世纪 80 年代末开始起步。但是由于国家经济的重心在农牧业经济，工业在阿根廷经济结构中一直处于次要地位，没有得到应有的保护，发展速度缓慢。直到 20 世纪 20 年代，阿根廷工业活动还主要是小规模的生产单位，与工厂企业相比，更具有工匠作坊的特点。此外，就阿根廷已有的工业企业来说，几乎全部都是轻工业企业，生产一些日用消费品供普通市民消费。阿根廷几乎所有的重工业产品和大农牧业主的奢侈消费品都是从海外市场进口。

由表 4.1 中可知，在阿根廷的进口商品中，消费品和资本货一直占有绝对多数。阿根廷的工业发展缓慢、工业结构单调与大量进口外国产品尤其是消费品和资本货是互为因果的。正是因为工业的不完善和不健全，阿根廷才大量进口弥补国内的需要；反之，也正是因为阿根廷大量从海外市场、发达资本主义国家进口国内所需要的工业品，大量进口货流入阿根廷市场排挤了处于幼年时期的阿根廷工业，加剧阿根廷工业的不健康发展。工业生产在阿根廷一直是在艰难的发展，甚至处于被边缘化的地位。这种状况在庇隆上台后才有所改善。

现代化的深入发展也为阿根廷新兴产业部门的出现提供了机会。商业、服务业的发展过程见证了阿根廷现代化的发展。商业、服务业本身就是阿根廷现代化的产物。从诞生之日起,商业、服务业就适应了阿根廷现代化的特点,以农牧业经济依附产业的身份融入阿根廷经济结构中。

阿根廷商业和服务业从本质来说并非独立的产业,是农牧业经济的附属产业。它们的发展空间在很大程度上取决于农牧业经济的发展和繁荣。商业、服务业的产生和发展只是对原有的经济结构进行了修饰和完善,并没有改变阿根廷的经济结构。

剖析阿根廷经济结构不难发现,自阿根廷现代化起步以来,农牧业经济始终把握着阿根廷经济发展的命脉,是阿根廷经济发展的首要推动力。分析阿根廷经济发展的模式同样可以发现,自现代化起步以来,阿根廷依靠初级产品出口,进口工业品的经济发展模式也不曾发生实质性的变化。阿根廷无论是在经济上经历了 19 世纪末 20 世纪初的金融危机还是 20 世纪初的几次经济衰退,在政治上经历了寡头精英政治还是早期民众主义时期,农牧业经济在阿根廷现代化中的至尊地位从来没有受到质疑, "大出大进"的经济发展模式的巩固地位也从来没有改变。从 19 世纪 80 年代末到 20 世纪 30 年代,阿根廷经济现代化始终是在遵循着一个单一的发展中心,在一个单一的模式中发展。其间阿根廷经历了历史的变迁,但是经济发展动力和发展模式的核心是原封未动地延续下来。这种经济发展动力和发展模式的单一性成为阿根廷现代化发展的最根本的局限性。

阿根廷经济现代化发展模式的特殊性又造成阿根廷经济的发展呈现出强烈的依附性,其表现为阿根廷总体经济上对国际经济体系以及阿根廷经济内部其他经济部门对主导经济的双重依附性。

从阿根廷经济现代化起步开始,阿根廷经济就是以出口初级产品、进口工业品的角色参与了国际经济体系。但是阿根廷在国际贸易体系中的地位决定了阿根廷经济只能充当国际贸易的追随者而不是弄潮者。

综观阿根廷经济从 19 世纪 80 年代到 20 世纪 30 年代的发展，支持阿根廷经济现代化起步、发展的资金主要都是依靠海外投资。之后，伴随着阿根廷现代化的发展，外国资本在阿根廷始终占有重要地位，而且大部分集中于关键部门和关键产业中，对阿根廷经济发展具有相当大的影响力。

从 19 世纪 80 年代到第一次世界大战，在阿根廷的外国资本中，英国资本占有绝对优势。据联合国拉丁美洲经济委员会后来估计，1914 年的外国公私投资（其中英国资本约占 60%）占阿根廷全国股本的一半，相当于阿根廷两年半的国内生产总值。从 1900 年起外国投资以每年 11.41% 的速度增加。英国投资者拥有阿根廷大约 80% 的铁路、大片土地、大部分电车和城市公用事业，以及一部分肉类加工厂和工业。[1] 国际资本尤其是英国资本逐渐在向阿根廷的关键部门、关键领域渗透。

从一战到 20 世纪 30 年代的大萧条，国外资本在阿根廷总资本中的地位基本上没有发生实质性的变化。变化的只是在阿根廷资本结构中各国资本地位和数量的消长。由于一战中，美国与英国经济实力和地位对比发生了显著的变化。一战后美国资本加大力度向阿根廷扩张，向传统的英国资本提出挑战。1913 年美国在阿根廷的投资占英美投资总额的 2.1%，到 1929 年则增加到 22.2%。

第一次世界大战确实影响了外资在阿根廷的投资，一战期间及战后初期，流入阿根廷的外资只及战前的 1/5。1913 年至 1927 年之间，外资对国内资本的比率由 48% 降到 34%。其间英国在阿根廷的投资全部停止了，20 世纪 20 年代后期仅有少量恢复。尽管如此，从 19 世纪 80 年代到 20 世纪 20 年代末，在阿根廷资本市场中，外资始终占有相当大的份额。阿根廷现代化从起步到发展都没有摆脱在资金上对外资的依赖。

---

① 〔英〕莱斯利·贝瑟尔主编：《剑桥拉丁美洲史》（第 5 卷），社会科学文献出版社，1992 年，第 401 页。

从市场来说，阿根廷经济现代化对国际市场更具有依赖性。与国际老牌资本主义国家相比，阿根廷工业的发展在整个国家现代化的发展过程中显得迟缓和滞后。同时，阿根廷的工业始终是以轻工业为主，重工业部门没有得到发展。工业发展的这些弊端决定了阿根廷经济现代化在技术、设备等方面对国际市场的依赖。在现代化的起步阶段，阿根廷的工业没有能力给予经济现代化"脱壳而出"的技术上的支持。就技术方面，阿根廷始终依靠国际技术市场，引进本国发展所需的几乎所有技术。在现代化发展过程中，此类问题依然存在。设备的不断更新和完善对于现代化的深入发展来说是非常关键的。但是阿根廷残破不齐的工业体系无法满足现代化发展的要求。国际市场又一次充当了关键性角色。在阿根廷进口货中，资本货一直都占有一定的比例，这与阿根廷工业的不足有极大的关系。

如果说由于工业发展的迟缓引起阿根廷对国际市场的依赖，那么阿根廷"大出大进"的自由主义经济模式则完全将阿根廷抛给了国际市场。这种经济发展模式的信条就是经济上的自由主义，向世界完全敞开大门，毫无保留地融入国际经济体系中。阿根廷经济的发展是随着国际市场的变化而变化，从饲养业到农业再到农牧业的结合，经济重心转变的指挥棒就是国际市场。毫不夸张地的说，没有国际市场就没有阿根廷的现代化。

"大出"是阿根廷现代化的支柱之一。小麦、玉米和亚麻籽的年均出口额由 1910—1914 年的 210 万吨、310 万吨和 68 万吨分别增加到 1925—1929 年的 420 万吨、350 万吨和 160 万吨。同时期，冷藏牛肉的出口由年均仅由 2.5 万吨增加到 40 万吨以上。[①] 从 19 世纪末 80 年代后期开始，阿根廷出口值在逐年增加，这种趋势在 20 世纪更加明显。到 1926 年阿根廷出口占世界 72% 的亚麻籽，66% 的谷物、20% 的小麦和

---

① José Luis Romero. *A history of Argentine political thought*，California, Stanford University press, 1963, p.172.

面粉、30％的毛皮、26％的肉类和肉类产品，54％的牛和牛产品。[1] 出口收入在国民生产总值中一直占有重要的位置。

由表 4.2 可以看出，从 1900 年到 1924 年，出口总值在阿根廷国民生产总值中的比例大体上保持平稳。这一比例最高是在 1900—1904 年期间，达到 27.1％；最低时发生在一战中，占到 22.5％。从总体来看，出口总值基本上占国民生产总值的 1/4。这一比例是不容忽视的。

表 4.2 阿根廷国民生产总值和出口（单位：百万比索，1950 年的比索值）[2]

时间	总值	出口	出口占总值的比例
1900—1904	10756	2915	27. 1
1905—1909	15890	4036	25. 4
1910—1914	19896	4480	22. 5
1915—1919	19131	4601	24. 0
1920—1924	25491	6393	25. 1

Extracted from economic commission for Latin America(CEPAL)El desarrollo económico de la Argentina ,México,parte I 18.

"大进"则是阿根廷经济现代化的另一根重要的支柱。阿根廷现代化发展从资金、技术、设备等到阿根廷市民的基本日用品、贵族的奢侈品等很大部分都是依靠进口来满足。阿根廷政府收入的主要来源也是进口的关税收入。无论是现代化的起步还是发展，进口经济是阿根廷经济的重要一环。

无论是"大进"还是"大出"，阿根廷经济现代化的运行始终依赖国际经济体系，成为发达国家的初级产品的来源地和工业品的销售地。离开了国际市场，阿根廷的经济将陷入停顿。阿根廷经济发展模式决定了阿根廷经济发展的脆弱性。

从劳动力来说，阿根廷经济的依赖性更加明显。移民在阿根廷经济

---

[1] Clarence F. Jones. Argentine Trade developments. *Economic Geography*, Vol.2, No.3, Jul. 1926.

[2] Roger Gravil.The Anglo–Argentine Connection and War of 1914—1918. *Journal of Latin American studies* , Vol.9, No.1, May, 1977.

中的地位是不言而喻的，没有大量移民的涌入就没有阿根廷经济的起飞和发展。阿根廷被誉为移民国家。移民在阿根廷经济发展中做出了重大贡献。大量移民进入阿根廷，弥补了劳动力不足的弱势。

由表 4.3 可发现，在阿根廷各个阶层都存在着外来人口。同时表 4.3 还显示出，在社会的中下层中，外来人口的比例更大。在体力劳动者中，集中了阿根廷社会中最大数量的外来人口。1887 年，在社会中层和下层中，外来劳动力都占到 79%；1914 年在社会上层中，外来人口占 19%，中层中占 65%，下层中占 86%。移民的到来为阿根廷提供了大量的劳动力，尤其是直接从事生产活动的中产阶级和工人阶级。

表 4.3 移民在社会各个阶层中 40 岁以上的雇佣者中所占比例[1]（单位：%）

	1887	1895	1904	1909	1914
精英或上层	25	31	26	29	19
蓝领和白领雇员	79	70	67	64	65
体力劳动者	79	82	79	68	86

Calculations based on censo general de la ciudad de Buenos Aires de 1887,2:43–47,541–42;de 1904,55–63;de 1909,1:53–60.censo nacional de 1895,2:47–50;de 1914,4:201–12.

移民的涌入不仅为阿根廷劳动力市场带来了单纯的人数上的增加而且改善了阿根廷劳动力的结构。就提高阿根廷人口的识字率而言，移民的作用是显而易见的。阿根廷在 1895 年，7 岁以上的人口中有 54.4% 为文盲，则 1914 年 35.1% 为文盲，2.7% 为半文盲。移民的识字率要远远高于阿根廷本国人口。大量移民的涌入提高了阿根廷劳动力的总体素质。移民也为阿根廷带来了技术、先进的管理方式、经营方式以及欧洲先进的思想观念等。海外移民的迁入对阿根廷经济现代化的发展起到了不可取代的作用。

无论是从资金、技术还是市场、劳动力等方面，从 19 世纪 80 年代

---

① James R. ScobieBuenos Aires as a commercial–bureaucratic city,1880–1910:characteristics of a city' s orientation . The *American historical review*, Vol.77, No.4, Oct., 1972.

到 20 世纪 30 年代，阿根廷经济现代化都表现出对国际经济体系的严重依赖性，最终导致阿根廷经济的发展失去了自我的主体意识，完全成为逐国际经济变化而动的被动者。在国际经济体系中没有自主性，有的只是被动的适应性。

阿根廷经济依赖性的另一方面就是阿根廷经济体系内部不同产业之间的地位和关系。回顾 20 世纪 30 年代以前阿根廷经济现代化的发展历程，阿根廷经济体系内部一个最大的特点或者说是一个最大的缺陷就是无论是工商业还是其他服务业都在不同程度上对主导经济即农牧业经济具有依附性。

阿根廷工业发展所需的资金大部分来自出口部门的收入，原料也主要依靠进口。另外，兴起于主要的沿海大城市的商业和服务业也是农牧业经济这个大的经济体系中的一个分支。以布宜诺斯艾利斯为例，从 1887 年到 1914 年，工业设备和雇工主要集中于肉类包装、面粉加工、羊毛洗涤、食品加工和建筑。所有这些都支持着布宜诺斯艾利斯发挥一个内地农产品出口的港口作用。从第一次世界大战到 20 世纪 20 年代末大萧条，阿根廷工商服务业的发展始终没有压倒农牧业出口经济，没有改变农牧业经济在国家经济中的主导作用。

综上所述，阿根廷经济无论是整体经济对国外市场、资金、劳动力等方面，还是自身内部辅助和次生产业对主体产业都带有极大的依附性。这些构成为阿根现代化的局限性之一。

阿根廷"大出大进"经济发展模式以及经济发展中的局限性相结合决定了阿根廷社会各阶级的力量对比也就存在极大的差异。

从阿根廷经济现代化的起步和初步发展来看，支配阿根廷经济命脉的是国内大农牧业主和国际资本。在阿根廷为数不多的大农牧业主占有了阿根廷经济发展最重要的生产资料——土地的大部分。阿根廷土地的这种占有状况一直到 20 世纪初也没有发生实质性的变化。1914 年阿根廷6%的财产所有者掌握着大草原70%的土地，约1000公顷，大约0.3%的地主控制着1/5的大草原。[①]到1928年，在布宜诺斯艾利斯省，1041名大土地所有者占有全省1/3的土地，包括全省最好的牧场和农田。大农牧业主通过对土地的控制而占有了经济发展带来的主要收益，成为阿根廷经济现代化发展中在国内受益最多的一个阶级。在阿根廷经济现代化发展中，大农牧业主在经济上占有最高地位，拥有最雄厚的经济实力。

此外还有一股势力影响着阿根廷经济的发展即国际资本。阿根廷经济发展之初是一个十分落后的国家，本国缺乏汇集资金的金融机构，经济发展没有足够的本国资金。大量欧洲资本自然填补了阿根廷经济发展中的资金不足的空缺。国际资本进入阿根廷经济领域。之后，由于阿根廷发展的"大出大进"型的经济模式，本身需要有大量资本和发达的信贷体系。这样国际资本的数量在阿根廷有增无减，国际资本的势力也是与日俱增，成为阿根廷经济发展中一个至关重要的因素，也是阿根廷经济发展的受益者。国际资本通过掌握资金而控制着阿根廷经济的发展。无论是大农牧业主还是国际资本，他们都受益于阿根廷进出口经济，是阿根廷"大出大进"经济模式的维护者。这两大势力之间盘根错节的交织在一起构成了阿根廷社会最大的势力集团。

除了大农牧业主之外，阿根廷社会还存在着新兴的中产阶级和工人阶级。中产阶级虽然在工商业中占有一席之地，经济实力有了很大的提高。但是由于阿根廷经济体系和经济结构，中产阶级的经济地位和实力是无法与大农牧业主真正相抗衡的。首先中产阶级发家的行业本身在阿根廷经济体系中与农牧业经济相比就是次生产业，本身都对农牧业经济具有依存性，因此工商业的发展必然会受到农牧业经济的限制，不会发

[①]　Cortes Conde 1979,149–88; Argentina 1917,V,3, cited from Michael Johns.Industrial Capital and Economic Development in Turn of the Century Argebtina.*Economic Geography*, Vol.68, No.2, Industrial Geography, Apr., 1992.

展成为与农牧业经济实力相当、对农牧业经济提出严重挑战的经济部门。再有，就经济结构来说，阿根廷始终坚持发展"大出大进"的经济模式。国内的农牧业产品主要以出口为主，而国内消费品也同样主要以进口为主。在这种经济结构中，阿根廷本国的工业受到欧洲成熟的资本主义工业的挤压，发展步履艰难。一战以后，阿根廷工业生产指数1914年为20.3，1918年为22.1，而1929年达45.6。一战期间工业指数每年增加0.36，而一战后每年增加2.1。20世纪20年代工业在一定程度上实现了多样化，耐用消费品、化工、电力，特别是金属工业、冶金工业等部门有所发展。但是制造业的增长大部分依然属于轻工业和传统工业，保持了1914年以前的格局。同时，制造业的增长也未能影响阿根廷很高的进口系数，20世纪20年代的进口系数都在25%左右徘徊，大体上与1914年保持一样。由于受到国内外的排挤，阿根廷本国的工商业根本不可能得到充分和自由的发展，其经济地位也不会发生实质性的变化。所以靠工商服务业起家的中产阶级在经济地位和经济实力根本无法与大农牧业主相较量。

工人阶级是伴随着阿根廷经济现代化而出现的新阶级。阿根廷城市工人阶级大部分是移民。他们处于阿根廷沿海城市中的最底层，只能通过一定形式的罢工来维护自己最基本的经济利益，根本谈不上在经济地位和经济实力上与大农牧业主进行比较。阿根廷农村的农业工人是阿根廷农牧业经济发展的主要劳动力，也是大农牧业主主要剥削的对象。由于阿根廷土地的占有状况，农业工人对土地是没有所有权的，他们只能在大农牧业主的土地上劳动，维持基本的生活所需。阿根廷内地的农业工人是阿根廷社会中的最下层。他们在经济和政治上都没有主导权和独立地位。

阿根廷社会中各阶级经济地位的差异性和经济实力的悬殊性都不是偶然形成的，而是阿根廷长期形成的特殊的经济结构和经济发展模式使然。阿根廷经济结构不发生根本变化，各阶级势力的对比也不会发生根本性的变化。

综上所述，阿根廷经济现代化发展过程中形成了经济发展动力和发展模式的单一性，社会各阶级的经济地位的差异性和经济实力的悬殊性等。阿根廷政治无论由保守派还是激进党掌握，这种经济发展模式始终没有发生根本性的变化。经济发展上的局限性严重地制约了政治领域的变革。在早期民众主义的助力下，激进党政府的确暂时取代了保守党，中止了寡头精英政治，完成了阿根廷政治民主化的首秀。但是无论是伊里戈延还是阿尔维亚尔对阿根廷的改造都是极其有限、极其狭窄的。激进党对阿根廷的改造只是限于政策层面，不仅没有对阿根廷的经济结构做出调整，而且继续深化了"大出大进"经济发展模式。伊里戈延时期的经济政策没有为政治上的变革奠定雄厚的经济基础。由于阿根廷经济发展模式没有发生重大变化，阿根廷社会阶级力量的对比也没有发生实质性的变化。伊里戈延时期早期民众主义的支持势力——中产阶级和工人阶级——在经济上都没有掌握国家的经济命脉，仍然依附于大农牧业主。经济繁荣时期，在保证大农牧业主经济利益的同时，伊里戈延还可以利用政府财政收入维持早期民众主义的发展和实践。但是一旦经济遇到危机和冲击时，当中产阶级甚至工人阶级试图借助民众主义维护岌岌可危的一点政治、经济利益时，早期民众主义的财政扩张政策就与大农牧业主争夺有限甚至是不断缩小的经济利益时，大农牧业主出于对自身经济利益考虑，倚仗经济上的势力，自然轻松地否定了早期民众主义。早期民众主义在经济基础浅薄的情况下，同样也经受不了实力雄厚的大农牧业主甚至国际资本的冲击。所以阿根廷经济现代化发展的局限性是早期民众主义衰落的根本原因。

二、阿根廷社会变化的局限性

早期现代化确实为阿根廷社会带来了繁荣和多样化。然而在这些新变化的背后，阿根廷社会结构和社会理念却有着显而易见的局限性。早期民众主义正是在这样变与不变的冲突中产生。变为早期民众主义提供了机会，而社会变化的有限性又制约着早期民众主义的深入发展。

（一）阿根廷的社会上层在这种变与不变中的选择对早期民众主义的发展产生了深刻影响

阿根廷社会上层是以大农牧业主为主体而构成，基本属于保守派。在政治领域，通过寡头精英政治，这部分人掌控着国家政治生活。在经济领域，通过掌握初级产品的生产和出口，这部分人操纵着阿根廷经济命脉。他们是早期现代化的推动者和受益者，也是阿根廷最有实力的阶层。

尽管他们彼此有着极为密切的经济和政治利益关系，然而保守派是由代表不同地区利益的人物组成，这些利益往往发生冲突。就如何应对当时在阿根廷社会和政治领域出现的变化，保守派内部出现分裂。一部分改革派看到了中产阶级和工人阶级的壮大，也意识到有必要通过部分改革来缓和社会矛盾，缓解社会压力。而另一部分顽固派则坚持固化的利益分配方式，不同意做出改变。在彼此的较量中，改革派取得优势，推动培尼亚选举法的问世。新选举法不能不说是阿根廷政治精英对社会变化的积极回应。这种回应虽然没有给寡头精英政治带来即时性的效果，却为阿根廷政治民主化打开了大门。这是保守派所始料不及的。

伊里戈延正是充分利用了这次机会成就了激进党和早期民众主义。1916年以中产阶级为基础的激进党险胜保守党，成为执政党。这更是保守派所从没有想过的结果。但是阿根廷的保守派并非乌合之众，而是深受启蒙思想的影响的开拓者。早期现代化的辉煌成就为阿根廷保守派筑起了强大的自信心，掌控阿根廷发展的自信心。因此，面对这突如其来的变化，保守派并没有第一时间选择否定，而是默许了阿根廷政治领域的新变化，对政治民主化给予了较大的宽容。但是保守派从来没有放弃对阿根廷经济、政治的监管。激进党政府尽管没有给阿根廷经济带来实质性的变化，却在政治领域大大压缩了保守派的活动空间。随着激进党政府的巩固，保守派第一次感受到政治权力受到的冲击。

激进党政府时期，阿根廷的中产阶级获得了前所未有的政治机会和政治权利。但保守派并没有退出阿根廷政治舞台，依然是一支举足轻重的社会力量，影响着阿根廷政治发展的方向。在很大程度上，伊里戈延的获胜只是阿根廷保守派在确保既得利益的情况下对代议制民主政治的一次尝试。只要已有的经济利益和社会秩序得到保证，政治领域的让步还是可以被阿根廷社会精英们所承认和接受。在激进党政府初期，保守派通过参与激进党、控制议会、组织各种协会等方式尽量限制早期民众主义的实践，维护社会精英的政治和社会地位。1916 年总统大选中，激进党只是以微弱的优势战胜了保守派势力。在选举胜利后，激进党并没有就此完全掌握了国家政治大权。1918 年激进党才在全国众议院中赢得多数席位。激进党一直没有真正在参议院中赢得绝对的权力，参议院始终是保守派的阵地，制约着伊里戈延政府。事实上，在激进党政府时期，阿根廷保守派既没有被征服，也没有彻底失去对国家的控制。这种政治困扰一直伴随伊里戈延两届政府的始末，有效地制约了早期民众主义的发展。

激进党和早期民众主义的社会基础是以中产阶级为主体的普通民众。激进党无论是在大选前的选举宣传还是当政后的执政理念，其出发点都是最大限度满足中产阶级的利益诉求。因此，在激进党政府时期，中产阶级开始与原有的政治精英争夺政治权利。阿根廷社会上层对中产阶级在政治中的挤压越来越担忧。这种不安又给激进党和伊里戈延带来极大的政治压力，迫使其不得不做出调整。1922 年阿尔维亚尔暂时取代伊里戈延成为激进党领导人，并且当选阿根廷总统。阿尔维亚尔派虽然是激进党内部的一个分支，但是其政治理念与伊里戈延派有着很大的反差。阿尔维亚尔更趋向一种新形式的保守自由主义，与伊里戈延相比较，更容易被保守派接受。1922 年阿尔维亚尔取代伊里戈延当选为阿根廷总统也反映出以伊里戈延为首的激进党主流派非常担心失去社会上层的支持。然而激进党的这次变动并非是方向性的，而是策略性的。1928 年激进党放弃了阿尔维亚尔，伊里戈延再次当选为阿根廷总统。在伊里戈延第二任总统期间，中产阶级与社会上层对国家经济、政治资源的争夺更加激烈，保守派的底线受到冲击。如何面对激进党政府带来的新变化正是阿根保守派在社会变与不变之间的徘徊和抉择。阿根廷改变的是经济繁荣及其带来的社会结构的多样化，不变的则是以初级产品出口为主导的经济发展模式及其带来的社会阶级力量对比的稳定性。最终保守派选择了"以不变应万变"即在拥有绝对经济优势的情况下，通过绝对的力量优势来否定阿根廷社会的多样化在政治、经济领域带来的变化。1930年，社会上层势力对激进党和早期民众主义的这种恐惧甚至仇恨达到顶点，最终通过军事政变的激烈手段否定激进党和早期民众主义。

探析伊里戈延时期早期民众主义衰落的原因，不容忽视的一个事实是早期现代化对阿根廷社会的改变还只停留于经济领域。在思想领域，阿根廷手握实权的社会上层依然停留于 19 世纪后期，停留在现代化之前，依然僵化地奉行"1837 年一代"的思想。"1837 年一代"知识分子的思想是在"文明与野蛮"的争论声中，在反罗萨斯独裁统治的实践中产生。"1837 年一代"思想家的政治理念包括"建立一个反映阿根廷历史和现实需要的新政党，其任务是吸收其他政党的合理主张，探寻和平解决阿根廷社会所有社会问题的方法"；"主张建立代议制民主共和政体，另一方面他们不信任普通民众，认为他们素质低下，没有能力参与政治，因此在阿根廷实行全面普选和代议制民主是不可能的。所以由社会精英控制国家政权"；"构建社会精英政权的核心是符合阿根廷实际情况和现实需要"等。这些思想在推动阿根廷走向真正统一，建立稳定的政治秩序方面确实有着历史性的作用。正是在这种思想的引导下，阿根廷出现了难得的社会稳定，经济发展，一度成为世界舞台中最有希望的国家之一。保守派继承并实践了"1837年一代"的思想，将阿根廷带入了现代化之门。随着阿根廷早期现代化的成功，社会权力分配原则的固化，坚持"1837年一代"的思想成为一个阶层的信念。阿根廷早期现代化所带了社会多样化不仅没有促使保守派去思考"1837年一代"思想的历史性，反而推动了保守派更加认可这种思想的有效性和持久性。保守派在社会思想和政治思想领域的滞后和固化就决定了他们在阿根廷社会变与不变之间的选择。保守派的徘徊和选择直接影响着阿根廷早期民众主义的兴与衰。

（二）以中产阶级和工人阶级为主体的民众力量在阿根廷变与不变中的尴尬和分裂是早期民众主义衰落的重要因素

中产阶级是激进党、早期民众主义的社会基础。然而此时阿根廷的中产阶级有并非一个完全独立的阶级。阿根廷中产阶级的发家之源是出口经济的发展和繁荣。中产阶级对农牧业经济具有极强的依附性，与保守派有着密不可分的经济联系。可以说，此时阿根廷的中产阶级在经济上是不独立的。但是在阿根廷经济发展中，中产阶级的工作岗位又是初级产品出口经济所不能或缺的一部分。因此在经济上中产阶级对农牧业主的这种既依附又剥离的地位决定了中产阶级对社会的改造力度，也决定了早期民众主义生命力。

中产阶级对当时阿根廷社会最大的不满是来自政治领域，对当时阿根廷精英政治心怀不满，希望改变"无情排斥他们的政治生活方式"，获得更多的机会和权力。早期民众主义正是迎合中产阶级这种社会要求而出现。因此早期民众主义着眼点就是政治，从如何打破寡头政治封闭性到取得政治优势再到维持这种政治优势。为此，早期民众主义从宣传到实践基本都是围绕政治问题展开，基本上没有对经济模式做出改变。在激进党政府时期，阿根廷以农牧业初级产品出口为导向的经济发展模式得到进一步巩固。其原因有两点不容回避。其一这种发展模式是阿根廷社会上层的根本利益所在，激进党为了在政治上获得大农牧业主的认可必须要在经济利益上维护他们的根本利益。其二就是中产阶级在经济上对这种经济模式的严重依赖。中产阶级就业行业大多是为初级产品出口所服务的部门；另一方面，激进党满足中产阶级的政治要求绝大部分是通过行政手段对国家收入进行再分配而完成的。也就是说中产阶级获得政治机会的基础是国家从初级产品出口中获得的收益。正因为中产阶级在经济上的不独立，对农牧业经济的依赖，早期民众主义对阿根廷经济发展模式并没有提出质疑和改造。而经济上的这种做法却恰恰是早期民众主义在阿根廷根基不稳的关键所在。

在政治领域，中产阶级也没有为阿根廷未来发展提出独立的、长远的规划。培尼亚选举法为阿根廷政治民主化打开了大门，而激进党则完成了阿根廷政治民主化的首秀。中产阶级则成为阿根廷政治民主化的首批实践者和受益者。但是阿根廷中产阶级并没有看到这个阶段是阿根廷民主政治进程中重要的一环，也没有看到历史赋予的客观任务。中产阶级只是从当前的眼前利益出发，通过激进党的行政手段来与保守派分得一些政治权力。所以在阿根廷政治民主化的第一个阶段，作为主角的中产阶级并没有发挥应有的历史作用。无论是对待保守派还是农业工人或者是城市中的产业工人，中产阶级都是根据自身利益得失的变化而改变。中产阶级对阿根廷政治生活的这种态度和选择直接引起阿根廷政治民主化在早期民众主义时期裹足不前，无法继续深入发展。民主化的受阻必然导致早期民众主义政权赖以生存的社会基础难以扩大甚至是萎缩，民众主义政权赖以维持的政治机制和体制的难以建立和完善，民众主义赖以发展的政治文化难以形成。因此探究早期民众主义的衰落，阿根廷中产阶级由于不独立而难以承担历史赋予的客观使命是其中重要的一个因素。

工人阶级是早期民众主义的另一支重要的社会基础。工人阶级的分裂加速了早期民众主义的衰落。在早期民众主义兴起初期，由于阿根廷大部分工人身份的特殊性，工人阶级对保守派的冲击只是通过非制度化的罢工。工人阶级反抗斗争确实对选举法改革和伊里戈延赢得选举起到了推动作用。然而阿根廷工人阶级无论在思想上还是在组织上都是严重分裂的。工人阶级的自身局限性无形中削弱了民众的力量。阿根廷的工人阶级受到不同政治派别的影响，工人阶级内部就对与政府的关系、斗争的方式和斗争的目的等问题都存在分歧。

无政府主义者认为，工人阶级本阶级的意识和利益最重要，对政治制度和政治体系甚至政党都不给予重视。无政府主义者对拉美的影响非常广泛，然而其本身在战略和战术的应用存在很大的分歧。例如，许多无政府主义者怀疑工会的力量，认为工会是个天生的改良主义者。无政府主义者更愿意通过组成志同道合的小组织进行活动，争取工人和其他阶级，发动一次推翻政府、建立新社会的革命。但对新社会的概貌，无政府主义者却有着不同的构想。另外的一些无政府主义者也对工会的革命性表示怀疑，不过仍参加了这些组织。他们认为这些组织提供了有用的宣传阵地，可以不时地对这些组织施加影响，将其斗争引向革命的道路。[1]

另一部分工人阶级受工联主义的影响。与无政府主义相比，工联主义更加灵活。工联主义也坚持不参加政府，但是它们奉行通过与政府合作来达到工人运动的目的。[2] 工联主义者在码头工人和其他重要的出口经济部门中的势力特别强大，具有相当大的影响力。工联主义在伊里戈延时期则开始同政府进行暗中合作。作为在大选中支持激进党的报偿，政府有条件地调解劳资纠纷，做出部分有利于工人利益的裁断。除了无政府主义和工联主义两大势力之外，在工人阶级内部还存在着其他力量

---

① 〔英〕莱斯利·贝瑟尔主编：《剑桥拉丁美洲史》（第 4 卷），社会科学文献出版社，1991 年，第 337—340 页。

② Roberto P. Korzeniewicz.The labor movement and the state in Argentina, 1887–1907. *Bulletin of Latin American research* , Vol.8., No.1., 1989.

较弱、规模较小的思想派别。由于阿根廷工人大部分都是来欧洲各国的移民，所以在思想和组织上的分裂是在所难免的。但是这一事实在客观上却削弱了民众力量。

另外，阿根廷工人阶级不仅在身份认同上，而且在政治生活上都与阿根廷主流社会相分裂。阿根廷主要的工人组织在对待与政府关系上都表现得比较保守，都不愿意通过正规的途径与政府建立正式的关系、通过合法的社会立法来维护自己的经济利益。阿根廷工人组织大多是通过独立地领导罢工运动，一则给雇主造成直接的压力迫使其做出让步，二则通过罢工引起政府的关注，通过政府的调节来实现罢工的经济目的。所以阿根廷工人阶级一直以来都是游离于主体政治体制之外的一股势力。阿根廷工人阶级的这种特点导致工人阶级与政府之间的联系是随机的和个人化的。伊里戈延执政时与工人阶级建立了非正式关系，与较大的工会和工联主义发展私人关系。伊里戈延对工联采取和解态度的目的是试图通过工联主义与无政府主义对抗；利用"反政党"的工联主义阻止社会主义政党向工人阶级渗透。

城市工人阶级的分裂为伊里戈延通过这种非正式手段的运用创造了条件。这种非正式的甚至是私人关系在解决劳资纠纷、缓和社会矛盾中是发挥了一定作用，具有一定效果。但是从长远来看，工人阶级的分裂、工人组织与激进党政府的这种关系却严重影响了早期民众主义的生存。

一方面早期民众主义政府与工人运动之间保持这种非正式的关系加剧了工人阶级的动荡不安，因为工人阶级和工会只有通过罢工这种唯一的途径才能引起政府的关注和重视。在工人罢工中最引人注目的大多发生在运输行业中。政府对工人罢工的关注也集中于运输行业中。运输业在阿根廷具有较大的特殊性，一方面是因为运输业的大部分工人是阿根廷的本国公民，当然也就是潜在的选民；另一方面是因为运输业在阿根廷出口经济中是关键性部门，对出口经济的正常、平稳发展起到至关重要的作用。为此，伊里戈延政府也经常卷入运输业工人罢工中，政府经常站在工会一方，对工人罢工采取克制的态度，进行有利于工人阶级的调解。但是就铁路工人来说，铁路工会本身并不团结，铁路工人分属于两大既独立又竞争的工会。这两大工会为了拉拢更多的工人参加，经常组织竞争性的罢工，竞相提高罢工的要求。两大工会的竞争不断地引起造成交通中断的罢工。伊里戈延政府只能通过非正式的调节来平息罢工，却无力通过制度或体制来规范工人运动，切实减轻罢工给经济和政治造成的破坏。政府与工会之间的非正式关系出现负面影响。

此外，这种非正式的关系虽然可以使政府在短时间内获得工人的支持，但是罢工最终还是引起了社会的混乱。"悲惨的一周"被认为是伊里戈延支持工联主义罢工的决定性的时刻。实际的工人暴力和社会中上层威胁要撤出对伊里戈延政府的支持都导致政府反过来运用武力反对工人阶级和他们的组织，同时容忍甚至鼓励了右翼势力对工人阶级镇压的行为。这一个星期的动荡造成几百人死亡，也使得政府几次出现明显的波动。寡头精英和中产阶级以及军队都不支持政府的工人政策。"悲惨一周"后伊里戈延政权以及工联主义依然想修复以前那种非正式关系。但是面对来自国内上层精英和国外利益集团的反对呼声在不断增长，同时工人骚动不仅严重影响了布宜诺斯艾利斯港口的正常贸易，而且存在着切断布宜诺斯艾利斯与国外贸易伙伴之间重要的经济联系的危险，伊里戈延在来自各方压力下暂时放弃了以前与工联的政策，支持工人运动的政治倾向在逐渐减弱。在第二届政府时期，伊里戈延与工人阶级的关系面临相同的矛盾和尴尬。阿根廷工人阶级的分裂最终还是影响了工人阶级与伊里戈延政府的关系。在早期民众主义政府岌岌可危时，工人阶级的分裂性削弱了民众主义的社会基础。

阿根廷工人阶级在组织上、思想上以及与阿根廷的主流社会之间存在的分裂性极大地阻碍了工人阶级作为阿根廷民众势力在阿根廷民众主义发展过程中的支持和推动作用。

综上所述，阿根廷在政治现代化过程中，社会结构的变化存在有极大的局限性。这些局限性是阿根廷受到了现代化冲击之后的历史遗留，也是阿根廷现代化不完善的结果。社会结构变化的局限性导致阿根廷形成社会上层似衰未衰，民众势力貌强实弱的局面。这种形势的结果使得民众势力虽然可以借助暂时强大的声势战胜上层力量，但是阿根廷的寡头精英们并没有真正的走向衰落，而只是暂时地以静制动。民众势力内部的依赖性、分裂性在与保守派长期的抗衡中尽显无疑。早期民众主义只能在名噪一时之后随即走向衰落。

三、早期民众主义理论的自身局限性

任何一场社会运动尤其是政治运动都离不开理论的指导。理论自身的完善与否以及理论视野的宽广不同直接影响着这场社会运动的深入程度和对社会的影响力。阿根廷早期民众主义运动实践步履艰难，在很大程度上归因于早期民众主义理论自身存在着重大的局限性。早期民众主义并不是一个拥有完整体系的理论，而是一个根据阿根廷政治形势的发展和权利争夺的现实所需，随机形成的一个"纳百家之言"理论。早期民众主义产生和发展的背景是阿根廷民众势力对旧有社会秩序的不满和攻击。早期民众主义的实践则主要是一种以政治目标为导向的不成熟理论，有时甚至表现为一种政治策略。

培尼亚选举法之前，在阿根廷社会中对政治领域垂涎三尺的一个新兴阶层——中产阶级在发展、壮大。中产阶级最初是想通过组织政党，参加选举，向处于社会上层的政治精英提出参与政治的要求。在实践中，中产阶级将阿根廷政治生活中一个不得志的老党改造成为以中产阶级为主体的新党即激进党。最初，激进党还是以饱满的热情参与阿根廷政治选举，想在寡头政治体系内部获得一部分政治权利。但是阿根廷的上层

政治精英几乎垄断了政治领域，独享政治权利，根本无意与其他社会群体分享国家政治权利。寡头政治的顽固和僵化使得激进党领袖伊里戈延认识到，在寡头政治秩序下，通过阿根廷政治精英认可的途径是无法实现激进党和自己的政治目的。激进党唯一出路就是打破寡头势力的政治秩序，为中产阶级的参政开辟一条新途径。以当时激进党的实力直接攻击寡头政治的权力机构是不切实际。所以在《培尼亚选举法》出台之前，阿根廷旧有的选举法是伊里戈延领导中产阶级参与政治，成为阿根廷政治主角的主要障碍。打破原有选举法的羁绊，建立新的更适合于激进党实现政治目标的选举规则就成为激进党宣传的重点。伊里戈延通过攻击旧选举法的狭隘性和封闭性来否定寡头政治的合法性。为了给寡头势力施以更加强大的社会压力，普通民众势力自然成为伊里戈延拉拢和动员的主要社会力量。伊里戈延通过肯定民众力的政治权利、强调民众的社会地位的舆论宣传激发民众势力的政治热情，提高激进党在民众中的威信。伊里戈延最初的这种通过言论拉拢民众的政策成为早期民众主义的萌芽。伊里戈延对寡头政治的攻击以及对民众势力的激发第一次在阿根廷形成如此强大的反对浪潮。伊里戈延在对旧选举法进行攻击时，既没有制定具体的政策和程序，更没有提出系统的选举方案。伊里戈延只是以中性的"公平、公正、诚实"的口号作为行动的指导方针。"公平""公正""诚实"的选举方针是任何社会、任何阶级，或者在选举行动中遵循和体现的总则，或者在口头上、表面上认可的原则。"公平、公正、诚实"的指导方针模糊了阿根廷社会不同阶级对选举法的不同看法，得到了阿根廷社会的普遍认同，伊里戈延也因此获得了最广泛的支持。寡头政治尤其是旧的选举法成为社会中的众矢之的。激进党则以民众势力代表的身份出现。

在民众力量的不断攻击下，阿根廷寡头政治最终做出了自我调整。1912 年培尼亚选举法获得通过。培尼亚选举法改革为伊里戈延在阿根廷政治舞台上的崛起打开了大门。此时最关键的是伊里戈延如何利用改革法带来的有利时机。新的选举法虽然不能完全摒弃选举舞弊，但是选举舞弊毕竟不能像选举法改革之前那样堂而皇之地决定选举结果。在新选举法实施的情况下，选民的支持率将成为阿根廷选举的决定性因素。最大限度地寻求选民支持是伊里戈延此时的最大任务。分析一下当时阿根廷社会的各个阶层，伊里戈延不难发现敌、友所在。阿根廷社会上层内部虽然存在着分歧、矛盾，但是在对待国家政治、经济发展方向上有着同一性，即寡头政治和出口经济的并存。伊里戈延也清楚地认识到，社会上层政治精英是阿根廷政治、经济的既得利益者，也是阿根廷原有的社会秩序的忠实维护者，因此不会给予对社会秩序提出挑战的激进党以有力的支持。在社会上层之外，阿根廷社会中兴起了非贵族的中产阶级和工人阶级。阿根廷这两大民众势力在经济地位上存在着相当大的差别，但是在政治上却是相同的，都处于政治无权的地位，都对寡头政治充满了不满。固然中产阶级和工人阶级的出发点不同，但是他们都有改变当时阿根廷政治现状的愿望。这一点对伊里戈延来说是最重要的。伊里戈延正是看到了阿根廷的民众势力，也看清了民众势力。伊里戈延利用了早期民众主义策略拉拢阿根廷社会中的民众势力为激进党和自己的政治目标服务。伊里戈延大力宣传要增加公共部门、增加政府就业机会、扩充军队、加大对青年军官的支持等途径扩大中产阶级参与政治，分享政治权利的渠道。对于工人阶级来说，伊里戈延只是与工人组织建立私人关系，这既满足了工人组织在行动上保持"自由"的愿望，又使得伊里戈延在对待工人问题上具有极大的灵活性，可以根据罢工工人的政治身份、经济地位来确定政府对罢工运动的态度和政策。

1916年的阿根廷总统大选改变了阿根廷的政治形势。伊里戈延借助民众主义运动的力量在选举中获胜，带领激进党走入阿根廷政治生活的中心。这次选举之后，伊里戈延由以前的反对党领袖变为国家的总统。

伊里戈延民众主义政策的目的也由以前的对当权派的攻击，对选民的拉拢转变为尽力稳定和巩固激进党政权。目的和出发点转变之后，作为伊里戈延思想重要组成部分——早期民众主义从理论和实践上都发生了转变。作为执政党，激进党的理论和思想应该对阿根廷国家的未来建设和发展提出明确的主张和纲领，可以为国家的建设提供基本的理论指导。但是伊里戈延时期的民众主义并不具有这样的特点。

在伊里戈延是反对党领袖时，萌芽中的早期民众主义的特点就是针对保守派政治的弊端提出的攻击，根据伊里戈延政治斗争的需要提出对策措施。早期民众主义表现出极大的策略性和应急性。在伊里戈延当选为阿根廷总统之后，伊里戈延面对的局面更加复杂，需要解决的问题也更加棘手。但是早期民众主义依然保留了先前的特点，而且有增无减。此时早期民众主义作为执政党的思想就显得过于单薄和随意。伊里戈延当政后的主要任务是稳定政权。为此，伊里戈延通过恩惠手段，尽量满足中产阶级的要求来换取其对激进党的支持。伊里戈延并没有从经济发展和日益复杂的阿根廷社会结构的角度有机地将中产阶级纳入国家体系，扩大中产阶级在国家经济、政治和社会生活中的作用。伊里戈延并没有为阿根廷的中产阶级分享政治权利建立制度上的保证。伊里戈延只是通过扩大国家预算和政府开支，一味地通过扩充政府机构吸收中产阶级，通过行政手段来实现中产阶级参政的政治要求。这种做法在经济繁荣时期是有效的。但是当国家遇到经济萧条、金融危机时，政府手中没有足够的财政资源维持中产阶级参与政治的途径正常运转时，伊里戈延便失去政治资本。当这种非体制化的渠道受阻时，阿根廷的中产阶级也就失去了进一步获得政治权利的方式，中产阶级支持伊里戈延的目的当然也就无法实现了。所有这一切最终导致中产阶级对伊里戈延支持热情的消退，伊里戈延政权的垮台。

对待工人阶级，伊里戈延时期的民众主义更具有功利性。到 1919

年伊里戈延政府从来没有提出任何劳工立法来保护工人阶级的利益。伊里戈延对工人阶级利益的保护仅仅限于在对劳资纠纷的个案进行调节时尽量维护工人的合法权益。因为没有法律的保护，劳工在一次罢工中所获得的权利可能在下次罢工中就失去了。伊里戈延政府给予工人的合法权利只能是个别工人暂时享有的权利。政府对工人阶级利益的保护极具权宜性和临时性。就是这种权宜之计也并非阿根廷所有工人都可以享受。伊里戈延对工人实施这些政策只是出于稳定政权考虑。当工人罢工不触动阿根廷政治、经济的实质时，伊里戈延会作为调停人介入劳资纠纷，进行调停，通过部分地满足工人的要求来维系与工人组织的良好关系，保证工人阶级至少不对激进党政府提出强大的挑战。但是一旦工人的罢工危机到了政权或者损害了出口经济部门的利益时，伊里戈延的劳工政策变得软弱无力。1919年的"悲惨的一周"事件正是如此。1919年之后，伊里戈延为了挽回失去的工人阶级的支持也试图通过立法来维护工人阶级的利益，但是早期民众主义的这种转变也失去了最佳时机，伊里戈延领导的早期民众主义运动在阿根廷已开始进入低潮。

在第二届政府时期，伊里戈延基本保持了原有的思想和做法。而此时阿根廷经济、政治形势的恶化已初露端倪。1929年席卷全球的经济危机很快波及了阿根廷。在经济危机的袭击下，阿根廷出口量大幅度下降，失业人口激增，经济状况迅速恶化。同时，阿根廷政治也出现危机，伊里戈延政府用于支持早期民众主义政策的经济手段在这场经济危机中逐渐丧失，民众势力对政府开始不满；社会上层在经济利益受到严重威胁时对政府的不满也在增加。所有这些不满最终引起阿根廷社会阶级矛盾的激化，国家政治形势的混乱。此时，伊里戈延被经济上的困境和政治上的窘境所困扰。对于当时的社会状况，伊里戈延政府只有招架之势而无还手之力，更是无从谈及完善早期民众主义。

对伊里戈延时期民众主义理论的分析可以看到，理论本身的局限性促使了早期民众主义的夭折。第一，早期民众主义理论从始至终只着眼于政治。在作为反对党指导思想时，早期民众主义宣传和实践都是在否定寡头政治的合法性，寡头政治的有效性。当作为执政党的纲领，早期民众主义有只是关注通过行政手段稳定政局。对政治的专注严重影响了早期民众主义的视野，限制了这种理论的改造性。也因此早期民众主义没有很好地承担引领阿根廷政治民主化深入发展的任务，没有为理论的进一步发展创造条件。第二，早期民众主义理论的尚未形成完整系统的理论体系，表现出很强的随机性和应急性。无论是作为反对党的思想还是执政党的理论，早期民众主义的主张和政策的确具有很强的实践性，很容易被运用，也很容易被社会认可。这一方面可以说正是早期民众主义生命力所在，另一方面也反映出早期民众主义理论的肤浅和随机性，很多情况下是"就事论事"，"头痛医头，脚痛医脚"，当前需要什么就提出什么。但是作为改造社会的指导理论，不仅仅需要对当前问题的即时回答，更重要的是对未来社会的一种中长期规划，要具有战略性的思考。早期民众主义在加强实践性时，恰恰缺乏这种前瞻性和战略性。这就导致早期民众主义对阿根廷社会发展缺乏规划和预判。也因此大大降低了早期民众主义抵御风险的能力。第三，早期民众主义在发展中对领袖伊里戈延具有很强的依赖性。综观阿根廷早期民众主义的发展，不难发现事实上伊里戈延始终是早期民众主义的核心。这就造就了伊里戈延个人的视野和理论修为直接决定了理论的发展。当伊里戈延对形势把握准确，可以对症下药时，理论的发展比较顺利。当伊里戈延判断失误或者个人能力所不济时就会带来灾难性的结果，直接导致理论的破产和失败。

综上所述，早期民众主义从作为反对党理论到作为执政党理论都没有成为一个有着自己鲜明立场和观点的理论体系。在理论上，早期民众主义对国家当前的建设和未来的规划没有提出具有指导性的观点，而只是用非常模糊地夹杂着宗教色彩的调和、折中的理论，其目的就是为了攻击保守派政权和稳定激进党政府。这种理论上的模糊性，一方面是由于激进党和伊里戈延自身对阿根廷政治形势认识上肤浅和狭隘。另一方面是由于理论本身发展，成熟和完善是一个长期的探索过程。伊里戈延时期，早期民众主义刚刚出现在阿根廷政治舞台上，尚处于理论发展的幼年时期，理论的不成熟也是无可厚非的。在实践中，早期民众主义灵活有余，战略不够。这是早期民众主义走向衰落的一个重要的原因。

另外，早期民众主义在反对寡头政治的同时无意识地担负了阿根廷民主化的第一位主角。阿根廷的政治民主化已经登上了历史舞台，成为一种必然的趋势。早期民众主义是这股历史浪潮中的一朵浪花。已经受到"1837 年一代"思想家洗礼的一些观念，在此时的这股浪潮中得到进一步的巩固。这些思想包括自由、进步、反独裁等成为阿根廷现代文明中不可忽视的组成部分。而早期民众主义在实践过程中却有意无意地伤害了阿根廷现代文明中的这些文化因素，尤其是勾起了人们对"考迪罗主义"的痛苦回忆，甚至更多的学者将早期民众主义定义为扎根于传统主义的考迪罗民众主义。早期民众主义在用"民族主义"这把利刃对抗寡头政府时，并没有很好地考虑到这把利刃的双面性。在 20 世纪 20 年代末 30 年代初的国际大背景下，阿根廷民族主义出现极端化的倾向，并且开始影响阿根廷政治生活。在其政治生涯的后期，伊里戈延不仅要面对保守派的强劲反击，还要抗击极端民族主义分子的夺权。无论是保守派还是极端民族主义分子，激进党的垮台是他们有所作为的第一步。保守派与极端民族主义分共同推动了1930年军事政变的成功。在政变中，阿古斯丁·胡斯托希望通过政变还政于保守派，恢复原有的政治结构。然而对于何塞·乌里武鲁来说，军事政变是为了"一个新的社团主义时代的开始。这个时代将彻底颠覆自由民主体系"①。当然军事政变最终的结果是实力强劲的保守派重新执政。尽管阿根廷没有由此走上法西斯国家的道路，然而极端民族主义思想一直在影响着阿根廷的社会生活。

　　早期民众主义从理论到实践都处于发展的幼年时期。阿根廷正处于受到现代化冲击的时期，经济上以前所未有地速度发展，政治上也出现了新的混乱。一批新兴力量走上政治舞台，而原有的既得利益者无论从心理上还是体制上都没有做好充分的准备迎接政治发展带来的冲击。旧的社会规范已失去原有对社会的调节作用，新的社会秩序尚未建立，整个社会处于"失范"状态。这是现代化发展给阿根廷社会带来的阵痛。如何在新旧交替的"乱世"中引领阿根廷走向一个新的时期，是当时现代化发展向阿根廷社会提出的历史性的课题。伊里戈延先后两次执政都无力完成这一历史重任，这同尚处于幼年时期的早期民众主义理论本身发展的局限性密不可分。

---

① Alberto Spektorowski.The Ideological Origins of Right and Left Nationalism in Argentina,1930—1943. *Journal of Contemporary History*, Vol.29, No.1, January. 1994.

第五章 早期民众主义的历史地位

纵然早期民众主义在1930年军事政变后退出了阿根廷的政治舞台，但是它却阿根廷的政治生活产生深远的影响。早期民众主义在阿根廷历史中具有极其重要的地位。早期民众主义的实践打破了阿根廷寡头政治的封闭性，开启了阿根廷民主政治的大门，扩大了阿根廷民主政治的范围，播下了民主政治理念的种子，在探索阿根廷民主政治体制的道路上迈出了重要的第一步。在阿根廷民主政治发展的历程中，早期民众主义起到了开路先锋的作用。不仅如此，早期民众主义对此后阿根廷政治舞台上出现的经典民众主义以及新民众主义都产生了极大的影响。与此同时也要看到早期民众主义对阿根廷政治发展所产生的消极影响，如政治体制的松散化及政治生活的个人化、政党竞争的极端化，等等。

一、完成了阿根廷民主政治探索的第一步

早期民众主义运动虽然在1930年伊里戈延政权垮台之后一度走向低潮，但是这股政治浪潮却在阿根廷政治生活中留下了深深的烙印，推动了阿根廷政治生活的发展。早期民众主义对阿根廷政治发展最为深远的影响就是完成了阿根廷民主政治探索的第一步。

早期现代化的成就基本解决了阿根廷当时的发展问题，将阿根廷带入了"美好时代"。但是现代化是一个有机的整体，是一个全面的发展过程。尽管社会生活的各个方面在现代化的发展道路上不能完全同步，但是无论起步的早晚，发展的快慢，社会整体的进步是不可避免的。然而面对早期现代化所带来的社会变动，寡头政治的合法性受到质疑，政

治地位受到冲击。寡头政治要面对的最大挑战就是来自以中产阶级为代表的民众力量的兴起。民众力量的兴起以及民众为了获得参政手段和政治权力的努力都强有力地冲击了寡头政治，也为阿根廷的政治民主化的开启做出了必要的准备。政治民主化的首要条件就是要打破阿根廷寡头政治的封闭性，给予民众更多、更有效的参政机会，进而扩大政权的社会基础，增强其合法性。

早期民众主义的历史作用首先表现为打破寡头政治的封闭性，为阿根廷民主政治的发展所起到的"破冰"之效。

19 世纪末 20 世纪初，阿根廷民众势力崛起，对寡头政治提出了极大的挑战。在民众势力的冲击下，阿根廷社会上层内部发生分裂，最终培尼亚选举法的通过标志着寡头内部的自由保守派暂时占据了上风。新选举法之所以可以顺利通过，除了外界的强大压力之外，就是保守派对当时政治形势有极大的信心。无论极端保守派还是开明保守派都没有客观地对民众力量进行评估，也有没意识到民众力量的兴起会危机保守派对国家政权的掌控。阿根廷的保守派相信即使是选民人数增加了，依靠保守派的经济实力，再加上长期执政的经验和手段，在新的选举环境中，保守派也依然可以赢得选举。选举法的通过只是形式而已，对寡头政治没有什么实际意义，阿根廷整个政治局面依然是保守派一统天下。选举制度在本质上成为保守派维护统治，巩固寡头政治的"换汤不换药"的措施。所以培尼亚选举法的通过只是在形式上为民众参政打开了大门，这并不意味着阿根廷原有的封闭政治体制就可以自行打破。真正打破阿根廷封闭政治体制的是早期民众主义的实践。

早期民众主义的实践是通过伊里戈延领导激进党的政治活动来完成的。在培尼亚选举法通过后，伊里戈延领导激进党积极地投入竞选活动中。伊里戈延广泛地宣传早期民众主义主张，带领民众势力从朦胧中走出来，进一步唤醒民众的阶级意识，推动他们积极投身于新的社会运动中。即便是出于对自身利益的考虑，伊里戈延对民众势力的关注和召唤使得保守派站到了新兴选民的对立面。整个社会分裂为维护旧体制的一方和打破旧体制的另一方。只有这样动员社会大众，伊里戈延才有可能战胜拥有雄厚经济和政治基础的保守派势力。在大选前，伊里戈延可以说充分展示了早期民众主义的魅力。伊里戈延利用个人魅力将民众对自己的信赖转化为在选举中对激进党的支持。同时，伊里戈延在竞选过程中，在动员民众势力时大多都是绕过由保守派把持的竞选体制而直接向民众进行宣传。1916年大选中，伊里戈延使尽了全身的解数，但是最终还是没有使激进党完全、彻底地占据上风。在1916年大选中，激进党获得了46.5%的选票，以微弱的优势赢得了选举。激进党尽管赢得了总统选举的胜利，然而激进党并没有完全控制议会。无论如何，1916年标志着阿根廷政治进入一个新时期，打破了阿根廷历史上长期存在的政治体制的封闭性，为新兴社会力量的参政打开了缺口。在这个过程中，早期民众主义的实践起到了关键性作用，开启了阿根廷政治民主化的历程。

真正地将民众主义思想带入阿根廷政治生活，进而改变阿根廷政治理念是伊里戈延及激进党。在整个激进党政府时期，早期民众主义始终都是执政党的政治理念。早期民众主义在伊里戈延的政治生涯以及激进党的政治活动中发挥了重要的作用，承担着关键性的角色。早期民众主义的发展与阿根廷的民众力量、伊里戈延以及激进党都是紧密联系在一起的。

阿根廷民众势力中最引人关注的是中产阶级。阿根廷中产阶级是现代化发展的产物，也是阿根廷现代化的收益之一。没有阿根廷的现代化，阿根廷产业结构就不可能多样化和松动化，也就没有中产阶级出现、发展、壮大的土壤和空间。因此，阿根廷现代化孕育了中产阶级。但是阿根廷的现代化并不是一个健康、全面的现代化，而是一个一边倒的现代化，在培育民众势力的同时又制约了民众势力的独立发展。就中产阶级而言，随着自身经济实力的增强，对政治权利的渴望也逐渐增加，对政治参与的热情也是日胜一日。这种对政治权利的热望促使中产阶级投身于早期民众主义的政治运动中。中产阶级对早期民众主义运动和对伊里戈延政治给予支持的最终目的是参与政治，分享政治权利，真正融入阿根廷主流社会。阿根廷早期民众主义产生之初就肩负着引导中产阶级参政的任务。阿根廷民众势力的另一部分就是工人阶级。阿根廷工人阶级国籍的特殊性大大降低了工人阶级参政的热情和对政治的向往。阿根廷工人阶级投入早期民众主义运动中就是出于经济利益的考虑。本阶级的经济利益得到实现和保护是阿根廷工人阶级的最大目的。

在 1916 年大选中帮助伊里戈延获胜的主要力量正是以中产阶级为核心力量的民众势力。毫无疑问，在选举中没有他们的支持，伊里戈延不会取得胜利。同样，在执政中没有他们的支持，伊里戈延政权也不能维持。所以伊里戈延政府建立之后的当务之急就是继续通过实践早期民众主义，实现满足中产阶级分享政治权利的承诺。为此，伊利戈延上台后就采取了一系列具有早期民众主义色彩的措施。例如，通过扩大公共政府部门，通过行政手段以军队的名义为中产阶级提供升级的机会，支持大学改革运动来支持中产阶级参与高校管理等，尽量满足中产阶级的要求。总之，伊里戈延上台后，不失时机地对中产阶级施以恩惠，扩大中产阶级参与政治的途径，使更多的中产阶级分享政治权利。在阿根廷历史上，中产阶级参政是阿根廷政治生活的一次重大突破。

自殖民地时期以来，阿根廷政治一直是上层社会少数人的政治。罗加建立的寡头政治也不例外。阿根廷的寡头政治被大农牧业主为主的社会上层所垄断。寡头政治维持着一个封闭的政治体系，政治生活成为少数人的专利。正是通过早期民众主义的实践，作为非特权阶级的中产阶级第一次成为阿根廷政治的参与者，分享了政治权利。而当时阿根廷中产阶级是拉美大陆上人数最多的一个阶级，所以带领中产阶级进入阿根廷政治生活不能不说是早期民众主义的一大贡献。作为新兴社会力量，中产阶级进入阿根廷政治中心，本身就意味着阿根廷民主政治向纵深发展了，在政治现代化道路上迈出了第一步。

阿根廷民众势力中另一支力量是工人阶级。由于主观和客观条件，伊里戈延时期的民众主义并没有为工人阶级的参政铺平道路。在政治上，工人阶级在阿根廷这次政治民主化中受益甚少。无论程度如何，伊里戈延时期民众主义的发展在阿根廷政治现代化中占有一席之地。伊里戈延时期的民众主义推动了阿根廷民众政治在广度上的发展。

早期民主主义不仅将民众力量带入了阿根廷政治生活，而且通过早期民众主义的实践，以中产阶级为首的民众力量参政的渠道进一步拓宽，参政的手段进一步丰富。同时早期民众主义的实践也保护了初生的脆弱的阿根廷民主政治。

阿根廷政治在寡头统治的后期就出现了分歧和分化。由佩列格里尼和培尼亚等人为代表在保守派内部形成了自由保守派。他们认识到随着阿根廷现代化的深入和发展，保持原有政治体制的形式已遇到了极大的挑战。即使保守派还要独揽大权，保守派的统治形式也应该发生变化，至少通过政治民主化的形式来增强政权的合法性。出于维护保守派政治权利的考虑，自由保守派要求在阿根廷实现政治民主化。由此造成保守派内部传统保守派与自由保守派之间的矛盾并引起保守派内部在政治上的分化。随着阿根廷保守派内部分化的加剧，加之民众势力的崛起，保守派政权在培尼亚总统领导下进行了选举法改革。新选举法的通过在客观上是保守派为阿根廷民主政治做出的贡献。无论保守派改革的初衷是什么，新选举法的通过至少在形式上催生了阿根廷民主政治体制。新选举法是在保守派政权风雨飘摇之际通过的，原本是自由保守派为了疏导来自新兴民众势力对寡头政治的冲击。新选举法是通过了，但是阿根廷保守派势力并没有想自动退出政治舞台。保守派仍然虎视眈眈地注视着阿根廷政局，一旦新选举法成为保守派"搬起石头砸自己脚"时，保守派就要退回这一步，将初生的民主政治体制扼杀在摇篮中。所以在新选举法通过后，阿根廷初生的民主政治体制实际上处于"朝不保夕"的境地。

来势迅猛的民众势力在保守派尚未做好充分准备的时候，以其强大的声势于1916年大选中将伊里戈延推到了政治浪潮的顶峰。伊里戈延依靠突如其来的强大的社会力量暂时抑制了保守派的势头，但是这并不意味着保守派甘愿退出历史舞台。保守派只是在内部严重分裂的情况下，在突然受到民众势力的强大冲击的情况下，暂时地、表面地退却。

事实上，在阿根廷当时的政坛上，保守派依然是一支最有实力的政治势力。伊里戈延在当选为阿根廷总统之后，在政治上的首要任务就是巩固其政权。伊里戈延上台的口号就是"公平、公正、诚实"选举。伊里戈延上台后，选举的透明度和可靠性大大增强。阿根廷公民的选举热情也较之以前大大提高，阿根廷民主政治体制建立的第一步即公开、公正的选举在伊里戈延时期得到保持和巩固。伊里戈延时期，阿根廷公民可以自由的行使自己的公民权，这在阿根廷历史上是前所未有的。

另外，伊里戈延通过各种方式和途径为中产阶级的参政创造条件，引导中产阶级进入阿根廷政治领域。中产阶级进入阿根廷政治领域扩大了阿根廷政治的包容性，对日益分化的阿根廷社会起到了一定的整合作用，进而加强了政权的合法性基础，巩固了"襁褓之中的民主政治体制"。

当时阿根廷的工人阶级在政治上的诉求并不强烈，而在经济上的利益要求是首位的。为了避免受阿根廷政治体制的束缚，阿根廷的工人组织并不愿意与伊里戈延政府建立正式的关系，通过国家的制度来寻求维护本阶级利益。无论是出于拉选票还是出于稳定政局考虑，伊里戈延当政后多次介入劳资纠纷，进行调节，部分地满足了工人阶级的经济利益。伊里戈延绕过正式的组织机构与工人组织建立了非正式的私人关系，调节工人阶级与政府的关系。这种非制度化的联系虽然是脆弱的和单薄的，但是工人阶级与政府之间毕竟存在着一种纤细的协调纽带在调节着工人阶级和政府的关系。伊里戈延一方面与工人组织保持一定程度的联系，以此来沟通彼此的矛盾和冲突；另一方面，伊里戈延又从经济上满足工人阶级的要求，以此来安抚工人阶级。通过沟通和安抚，阿根廷体制之外的这股强大的民众势力对阿根廷脆弱的民主政治冲击大大减弱，从客观上保护了阿根廷初生的民主政治体制。

伊里戈延当政之后，保守派对激进党政权，对早期民众主义的实践都有了更加清晰的认识，保守派势力也逐渐重新进入阿根廷政治中心。面对保守派对伊里戈延政权的攻击，伊里戈延为了保护新生的政权暂时采取了"以退为进"的策略。1922年，伊里戈延暂时收敛了早期民众主义政策，支持具有自由保守主义倾向的阿尔维亚尔当选为阿根廷总统。伊里戈延采取这种策略的目的是暂避保守派的锋芒，"以静制动"保护伊里戈延得以上台的阿根廷民主政治体制。但是当阿尔维亚尔要抛弃早期民众主义，投靠保守派时，当阿根廷的民主政治体制受到威胁时，伊里戈延又力挫阿尔维亚尔，重新执掌政权。后来，伊利戈延两次执政的实践表明早期民众主义力量最终还是不敌保守派势力。早期民众主义虽然在1930年军事政变后走入低潮，但是早期民众主义在阿根廷政治发展史中起到了重要的作用，巩固了阿根廷初生的民主政治体制。

伊里戈延执政时期虽然并不长，却承担了保护"婴儿时期"的阿根廷民主政治的重任。伊里戈延时期的民众主义不仅勇敢地担当了这一角色，而且也完成了历史赋予它的这个任务。在伊里戈延时期，阿根廷民主政治体制非但没有被摧垮而且得到了扩大和加强，使民主政治成为阿根廷政治生活中不可忽视的因素。

著名的历史学家莱斯利·贝瑟尔曾指出："1930年9月的革命起因于保守派分子对伊波利托·伊里戈延深刻的个人仇恨。1930年，保守分子很少把'民主'作为一种政治制度来反对。"①1930 年的军事政变虽然推翻了伊里戈延政权，但伊里戈延所保护的民主政治并没有随着这次政变而消亡。1930 年革命之后不久，以乌里武鲁为首的保守派暂时当政。在这段短暂的时间中，阿根廷政治生活中的法西斯主义的成分加强。乌里武鲁不承认法西斯分子这个称号，然而在乌里武鲁统治下，阿根廷政治有向法西斯主义滑坡的倾向。1932 年以阿古斯丁·胡斯托为首的由大农牧业主和商人组成的"政党联盟协调组织"在阿根廷总统竞选中战胜具有法西斯倾向的乌里武鲁，胡斯托就任阿根廷总统。1932 年胡斯托上台，在阿根廷建立了大农牧业主把持的政权，避免了在阿根廷出现法西斯势力，至少在表面上维护了阿根廷的民主政体。根据当时的国际环境，法西斯主义是民主政治的最大威胁，是最大的反民主因素。在阿根廷国内，乌里武鲁和胡斯托都属于保守派，最终大农牧业主放弃了乌里武鲁而选择了胡斯托。这种选择本身就意味着保守派也向民主化的方向在转变，民主政治已渗透到保守派内部，对阿根廷政治的变化起到了潜移默化的作用。

1930 年革命后在阿根廷政治生活中又充斥着保守派冠以 "爱国的舞弊"美名的选举舞弊。这种选举舞弊似乎又使阿根廷政治恢复到了1916 年甚至到 1912 年以前的状况了。这种回归只是一种表面的倒退现象，它无法改变阿根廷政治生态已发生了实质性变化这一基本事实。当时的选举是在培尼亚选举法实施几十年之后的选举。在这几十年之中，阿根廷政治经历了激进党当政时期，阿根廷民众也经历了广泛参政的热情和实践，阿根廷社会已由封闭、停滞转向开放和敏感。所有这些变化都是一次政变、一次革命所不能抹杀的。这些变化是社会结构性的一种深层次的变革，成为阿根廷社会文化的一部分，从而影响了整个国家政治的

---

① 〔英〕莱斯利·贝瑟尔主编：《剑桥拉丁美洲史》（第 8 卷），当代世界出版社，1998 年，第 6 页。

发展。胡斯托的政权虽然在很大程度上依靠了选举舞弊，但是试想一下，保守派为什么要选举舞弊而不是彻底否定培尼亚选举法、否定民主政治呢？保守派是当时阿根廷的经济支柱，在政治上又东山再起。按照1916年以前的惯例，保守派在阿根廷的政治和经济中占有无人匹敌的位置。即使这样保守派政府仍需要选举舞弊作为保证政权的重要手段，其中不能不说与阿根廷民主政治深入人心有直接的关系。

阿根廷几十年民主政治的实践已使民众对国家政治有了极大的关注，民众再也不是"政治盲"。在这样的情况下，选举舞弊本身就说明了保守派使用正当和合法的手段已经无法控制民众对民主政治的热情和渴望。同时保守派又无力消除已经成为阿根廷政治文化中的一部分——民主政治，只有通过这种不合法的手段才能抵制民主政治对民众的诱惑。在整个20世纪30年代，实际上一直到1946年选举前夕，激进主义一直是阿根廷最大的政治运动，只是由于受到排斥，选举舞弊或者内部分歧，才使激进主义者没有重新出现在阿根廷政治中心位置。1930年革命后不久，由于激进分子又开始了重新夺取优势的尝试，他们在20世纪20年代所表现的那种精力和热情又恢复了许多。到1931年4月，激进分子们在布宜诺斯艾利斯省又得到大多数民众的支持，在布宜诺斯艾利斯省选举中获胜。但是乌里武鲁却宣布其结果无效。1933年伊里戈延去世，在布宜诺斯艾利斯引起一次群众性示威游行，这在该城历史上是规模最大的示威之一。激进主义在保守派的高压下仍然在蓬勃发展而且得到民众的支持，这不能不说是早期民众主义所倡导的某些政治原则依然适用于阿根廷政治生活。民众对早期民众主义仍然有强烈的认同感。

此外，1930年保守派虽然依靠政变卷土重来，但是保守派的政局一直不是非常稳固，保守派统治再也不可能像1916年以前那样长期把持阿根廷政权。在此之后，阿根廷政治舞台上不断地出现民主政体。虽然这些民主政体势力都比较微弱、当政时间都比较短，但是这种军事政变、军人独裁与民主政体交叉出现，充分说明阿根廷再也不能回到保守派长期独揽政治权利的时代了，民主政治已扎根于阿根廷政治生活中。事实上，民主选举权引进了一种新的政治信仰，即要求社会更公正、更平等。

所有这些变化都归因于阿根廷现代化的深入发展和早期民众主义通过群众性运动宣传了民主政治，同时也通过早期民众主义的实践巩固了阿根廷的民主政治。伊里戈延当政时期，民主政治的实践已使得政治民主化成为阿根廷政治发展的总趋势。即使阿根廷政治生活不断地出现反复甚至后退，但是无论如何，民主政治已经成为阿根廷政治生活中不可回避的社会现实。伊里戈延时期的民众主义在探索阿根廷民主政治体制的道路上迈出了重要的一步。

二、影响了阿根廷政治发展的走势

1930 年的军事政变结束了激情澎湃的早期民众主义运动。伊里戈延时期的民众主义看似是阿根廷政治史中一个短暂的一页。综观 1930 年以后阿根廷社会的发展，不难发现早期民众主义的痕迹随处可寻。阿根廷 1930 年的政局变化从形式上结束了早期民众主义在阿根廷的历史，但是经过伊里戈延时期的政治实践，早期民众主义已经深深地扎根于阿根廷历史中。1946 年，胡安·多明戈·庇隆上台开始了阿根廷历史上的庇隆时期。庇隆当政后，阿根廷民众主义进入成熟发展时期，可称之为"经典民众主义"时期。[①] 阿根廷"经典民众主义"的出现和发展并不是阿根廷政治发展中的偶然事件，它是阿根廷早期民众主义传统的深入发展和再度实践。

庇隆当政在阿根廷民众主义发展历史上占据无人比拟的地位。庇隆执掌政权把阿根廷民众主义运动推进到最高点，也是民众主义完全展示

---

① Michael L. Conniff. *Populism in Latin America*, Tuscaloosa and London: The university of Alabama press, 1999.

其魅力的时期。庇隆主义的出现不是无源之水、无本之木。庇隆主义是阿根廷早期民众主义在新的社会背景下结出的盛果。庇隆主义不是阿根廷早期民众主义的简单重复而是"青出于蓝而胜于蓝"，是早期民众主义在二战后新的历史条件下的继续和发展。

伊里戈延时期的早期民众主义是阿根廷民众主义的初显。早期民众主义诞生的社会环境是阿根廷社会分化刚刚开始，阿根廷沉寂的社会出现的波澜。在当时的阿根廷社会中，初步觉醒的民众势力主要是城市中产阶级和工人阶级。这两大阶级的产生是阿根廷经济结构和社会结构初次变动的结果。由于阿根廷工人阶级身份的特殊性，动员工人阶级的政治意义不是非常明显。伊里戈延时期的民众主义就是要动员原有体制之外、人数众多的新兴民众势力。在当时阿根廷的民众势力中，动员中产阶级是最具有政治上的意义和实践中的可行性。一方面，培尼亚选举法改革给予了中产阶级选举权，中产阶级成为阿根廷社会中重要的潜在政治势力，获得中产阶级的支持在选举法改革之后的阿根廷政治生活中就显得相当重要了。另一方面，阿根廷中产阶级在经济上与寡头势力有着千丝万缕的联系，受益于寡头势力维护的经济体制。为此，阿根廷中产阶级对寡头势力的挑战就不是要彻底地打破大农牧业主在阿根廷社会中的地位，而是有所保留地对大农牧业主的权力提出异议，更多地集中于政治领域。中产阶级与寡头势力在经济甚至在政治上又许多共通性，因此协调彼此的利益冲突也就相对容易一些，可行性当然也大一些。

伊里戈延时期，民众势力的崛起在阿根廷历史上是首次。阿根廷社会对这股陌生势力心怀激情和期待，同时又心存芥蒂和防范。伊里戈延作为当时的历史人物对民众势力也怀有同样的感情。因此在动员民众势力时，伊里戈延就有很大的试探性。在伊里戈延时期，阿根廷的早期民众主义只是对民众势力进行了初步的、试探性的动员。中产阶级是当时民众势力中政治要求最强烈的，也是最靠近当时阿根廷政治权利的一部分，所以在早期民众主义时期，中产阶级被最早地动员。阿根廷社会的民主化进程在这一步也只是深入到非贵族阶层中的最高层即中产阶级。

无论是哪个政党执政，社会的进步是不会止步的，现代化的发展也是不停滞的。从 1930 年到 1946 年，阿根廷的政坛虽然不断地出现军人政权与文人政权的更迭，但是阿根廷的现代化还是向纵深发展了。在阿根廷社会民主化的第一步中，中产阶级成为民主化的主要受益者。随着社会的发展，阿根廷现代化逐渐在向农村渗透，阿根廷农村地区也逐渐卷入现代化的浪潮中。现代化的发展对阿根廷农村社会同样产生了深刻地影响。首先在农村经济中，机械化的发展，农业生产率的提高使大量的农村劳动力处于"失业"状态，农村经济已经无法吸纳这些多余的劳动力，农村出现了大量劳动力剩余。其次，同样由于阿根廷现代化的深入发展，阿根廷社会更加开放和自由。原本闭塞的农村地区也开始放眼社会，城市社会和城市生活第一次真正进入农村人口的视野。对于农村失业人口来说，城市似乎意味着更多的机会和更广阔的前景。在农村出现大量失业人口时，城市却向这些人敞开了大门。大量原来的农业工人涌入城市。阿根廷的城市劳动力的人口构成由此发生了改变。原有的以外籍工人为主的工人阶级转变为以来自农村的本国人口为主的新的工人阶级。原来有组织的工人阶级被大量盲目、无序的刚刚进入城市的农业人口所取代。

由表 5.1 可知，阿根廷人口从 1914 年到 1947 年的变化。1914 年阿根廷人口总数是 7900000 人，到 1947 年增加到 15900000 人。其中城市人口比例在迅速增加，拥有 20000 以上人口的城市占全国总城市的比例由 36% 上升到 47%；大布宜诺斯艾利斯的人口由 1914 年的 1900000 人增加到 4600000 人。1914 年之后，阿根廷城市人口迅速增长。对这些"新的城市人口"，城市生活意味着机会，同时也蕴含着危机。陌生和多变的城市生活使这些脱离原有相对停滞和熟悉的环境的农村人口感到巨大的压力。这种压力一方面来自心理上的孤独感，另一方面就是来自对生存权和发展权的渴望或者对缩小与城市生活距离的向往。与农村人口涌入城市的速度和规模相比，阿根廷城市的基础设施、城市经济的发展等显得迟缓和滞后。涌入城市的人口已超出了城市发展可以承担和容纳的范围，造成阿根廷过度"城市化"。城市经济的发展没有能为所有进入城市的农村人口提供工作和就业的机会。城市出现大量无业游民。这就造成农村人口在城市的贫困化。在政治上，不言而喻，这部分人自然处于被排斥的无权地位。进入城市的农村人口成为阿根廷城市中的最底层，对社会的不满也越强烈，要求改变现状的心态也越迫切。

表 5.1 社会流动之人口指数（1914 年和 1947 年）[1]

	1914	1947
总人口（百万）	7.9	15.9
20000 人口以上的城市占总城市的比例	36	47
大布宜诺斯艾利斯的人口（百万）	1.9	4.6
大布宜诺斯艾利斯人口占总人口的比例	24	28
本国人口占大布宜诺斯艾利斯总人口的比例	51	74
国内移民占大布宜诺斯艾利斯人口中的比例%	11	29

Source:Gino Germani, Estructura social de la Argentina: an á lisis estad í stico(Buenod Aires,1955),21、58、68—69、231；idem, pol í tica y sociedad en una é poca de transici ó n(Buenos Aires,1963),187、230.

造成这种现象的根本原因就是阿根廷现代化发展的不协调。现代化的深入发展使得始于伊里戈延时期的阿根廷民主化的第一步发挥稳定社会和协调经济的作用有些陈旧和过时。无论通过何种方式和形式，阿根廷社会对政治参与广度、深度的扩大和深化是政治现代化的必然结果。在阿根廷民主化的第一步中，作为民众势力中最有实力的中产阶级被纳入了国家政治生活中，享受到了国家的政治权利。历史发展到庇隆时期，

---

① Peter H. Smith.Social mobilization political participation and the rise of Juan Per ó n. *Political science quarterly*, Vol.84, No.1, Mar., 1969.

阿根廷新的工人阶级成为阿根廷进一步民主化的主要对象。庇隆上台之前，阿根廷经济结构并没有发生根本性的变化，寡头势力依然是阿根廷经济和政治的主导者。中产阶级经过早期民众主义的运动已经成为阿根廷政治、经济既得利益者。到了庇隆时期，阿根廷的民众势力更多地是指工人阶级尤其是由农村人口转化而来的新兴工人阶级。面对强大的寡头势力和人数众多的新兴民众势力，庇隆从阿根廷历史上找到了方法。伊里戈延时期早期民众主义的尝试为庇隆时期民众主义的兴起提供了启发和经验。已经获得了政治权利的城市中产阶级尽管依然不是阿根廷寡头势力的一部分，依然没有掌握阿根廷政治的实权，但是庇隆时期的民众势力的主力，庇隆动员的主要对象已不是中产阶级而是涌入城市的大量本国农业人口。这部分人是阿根廷不可否认的公民，享有不可剥夺的公民权当然包括选举权。通过满足这部分社会最底层人口的需要来赢得他们的信赖；通过政治动员激活这部分社会最底层人口的政治热情以获得他们在政治上的支持。最终目的是利用民众势力的信赖和政治支持与寡头势力在政治上叫板。这是庇隆采取民众主义运动的重要考虑之一。①

民众主义产生本身就是阿根廷现代化发展的产物，伊里戈延时期的民众主义只是阿根廷现代化发展初期的产物，是阿根廷政治民主化深化的第一步。而庇隆时期的民众主义同样也是现代化深化的产物，是阿根廷现代化进一步深入发展的结果，是阿根廷政治民主化的第二步。无论是成功与否，伊里戈延时期的早期民众主义与庇隆时期的民众主义是阿根廷整个政治民主化进程中的两个阶段，两个具有紧密联系的阶段。

首先，伊里戈延时期的民众主义为庇隆主义的出现和发展提供了参照和方法。伊里戈延时期的早期民众主义也为庇隆时期的民众主义提供

---

① Ronaldo Munck and Ricardo Falcón and Bernardo Galitelli. *Argentina from anarchism to peronism* —Workers, Unions and Politics 1855–1985. London and New jersey: Zed book Ltd,1987; Robert D. Crassweller. *Perón and The Enigmas of Argentina*. New York/London: W.W.Norton and Company, 1987.

了基础。庇隆主义并不是 20 世纪 40 年代阿根廷的新产物，只是伊里戈延时期阿根廷早期民众主义的深入和发展。从这个意义上来说，庇隆主义是伊里戈延时期民众主义的继续。

其次，伊里戈延时期的民众主义是阿根廷民众主义的初显和早期。伊里戈延时期，民众势力第一次进入政治家的视野，民众势力也是第一次与阿根廷政治联系起来。民众并不是一个成分单纯的势力。民众势力只是相对于贵族或者大农牧业主来说的平民势力。在民众第一次被动员时，民众势力内部对当时国家的政治和经济发展状况的体会是极其不同的。中产阶级作为民众势力中经济上的成功人士，在早期民众主义运动中的主要诉求是在政治领域，要求与寡头势力分享政治权利。当时早期民众主义运动的领导人——伊里戈延也并不是完全脱离寡头势力。伊里戈延作为中产阶级的典型代表只要求在阿根廷实现政治上的变革，与寡头势力分享政治权利，而不是要彻底推翻精英统治。在经济上，中产阶级已经是农牧业经济的受益者，中产阶级与寡头势力有相当大的共性。所以在伊里戈延时期，最早动员起来的中产阶级既是阿根廷经济发展的受益者，又是阿根廷政治滞后的受损者。这样的动员，符合中产阶级要求政治上的变革、经济上的稳定。在伊里戈延时期，阿根廷在进行政治民主化的第一步时，发动了民众势力中的最上层。

到了庇隆时期，阿根廷政治民主化的第一步已经完成。民主化第一步的成果在庇隆时期已经不再适应发展了的社会，民主化进程受到了阻塞。庇隆主义正是阿根廷政治现状与民主化进程之间冲突的产物。为了解决这个冲突，庇隆必须广泛的动员社会，形成更加强大的势力对抗政治现状的维护者。这就要求对社会进行更深入的动员。民众势力的下层——新近进入城市的农村人口——人数众多而且是最想改变现状的一个阶层。庇隆抓住了这个阶层，对阿根廷社会进行了更深层的动员，发动了声势浩大的民众主义运动。"社会正义"和"经济独立"是庇隆主义的两大支柱。"社会正义"就是给予阿根廷工人政治参与的机会，提高他们的收入，改善他们的医疗卫生条件，提供受教育的机会等。"经济独立"则是根据当时阿根廷经济发展的状况而提出的，即要结束外国对阿根廷主要经济部门的统治等。① 庇隆主义是在伊里戈延民众主义运动的基础上对社会进行了更广泛、更深刻的动员，是伊里戈延时期社会动员的继续和发展。与伊里戈延时期的民众主义相比，庇隆主义更具有民众性。早期民众主义的基础是中产阶级，与工人之间并未建立正式的关系，而庇隆主义的基础是工人和工会，且将工人组织起来，将工会组织化，纳入国家政治体系中。经过庇隆主义的实践，阿根廷政治民主化也继伊里戈延之后又有了发展。

伊里戈延时期的早期民众主义不仅影响了庇隆主义的产生和发展，而且对 20 世纪 80 年代以来的拉丁美洲新民众主义的发展给予了启发。当然 20 世纪后期拉美大陆的所谓新民众主义更多地受到庇隆主义的影响。新民众主义与伊里戈延时期甚至庇隆时期的民众主义有一个明显的区别即新民众主义在经济上奉行不同于早期民众主义和经典民众主义财政扩张政策。无论经济上实施什么样的政策，新民众主义的着眼点没有变，依然是在政治上动员体制之外，受到主流社会所排斥的社会势力的支持来完成打破原有社会体制的变革。"新自由主义"是在阿根廷财政积重难返、经济崩溃之时，国际货币基金组织为阿根廷经济开出的一剂猛药。这里我们暂且不去讨论新自由主义的实施对阿根廷经济的复苏和发展的作用有多大。但是在新自由主义提出之时，阿根廷的经济已经陷入困境，急需国际社会的帮助。在当时，阿根廷选择新自由主义政策是完全可以理解的。新自由主义政策在本质上是与阿根廷原有的经济体制、经济制度相抵触。新自由主义要求打破原有的利益分配单位，打破原有

---

① 复旦大学历史系拉丁美洲研究室编辑：《庇隆与阿根廷》，上海人民出版社，1974 年。

的利益分配原则，更重要的是要打破原有的社会秩序。新自由主义政策的实施确实给阿根廷社会带来了混乱。大量国有企业私有化，大量工会组织解体，大量的社会福利机构瓦解等，阿根廷已有的社会秩序不复存在。事实证明新自由主义政策并非灵丹妙药，它没有在阿根廷建立起新的社会秩序，反而进一步加剧了社会财富分配上的不平衡，扩大了贫富差距。阿根廷社会承担着巨大的动荡和由此而产生的灾难。在这种社会背景下，争取大众的信赖，争取大众的理解和支持成为政治领域的首要任务。

以梅内姆为代表的阿根廷政治家再次将眼光转向民众主义。他们通过与群众建立直接的联系进行动员，向群众宣传当前的经济困难和社会混乱只是暂时的，是为了彻底改善阿根廷经济状况所必须承担的代价。他们利用民众主义的动员方式希望换取群众对当时经济困难的理解和容忍，在政治上给予更多的支持。新民众主义的实施主要是针对非正规部门的劳动者和小生产者。在实施后期，新民众主义也开始在通过非制度化的手段给予这部分人以一定的经济上的帮助。新民众主义实施的目的是要在打破工会对国家经济的钳制，摆脱经济发展过程中已经僵化的经济管理体制，打破原有的利益分配格局，以此来获得原有体制之外的广大民众在政治上的支持。无论是早期民众主义、经典民众主义还是新民众主义，他们的落脚点只有一个，就是借助民众势力，利用民众主义运动获得政治上的支持。伊里戈延时期，早期民众主义兴起的原因是阿根廷经济现代化的初步发展对社会形成的触动和冲击。庇隆时期，经典民众主义兴起的原因是阿根廷现代化在发展和深入过程中对社会结构的挑战和破坏。新民众主义则是在新自由主义的实施给阿根廷带来的混乱和对阿根廷社会体系产生的解体影响的情况下出现的。所以新民众主义也是阿根廷现代化遇到机遇和挑战时产生的一种政治、经济的应对措施。新民众主义吸收了早期民众主义的随机性和临时性，同样对社会发展的未来没有系统和体制化的规划，只是用来抵消和降低新自由主义给阿根廷带来的阵痛。新民众主义也同样是通过非正规的渠道来动员当时被排斥、被边缘化的群体，用以巩固自己的政权。

现代化是一个不断深入的过程，阿根廷在现代化发展的每个阶段都会遇到政治和经济上的冲突和矛盾，而民众主义就会成为解决矛盾和冲突的手段。民众主义经过早期民众主义、经典民众主义、新民众主义的几个发展时期，至今已经成为阿根廷政治文化中一个重要的组成部分。伊里戈延时期的民众主义影响了阿根廷政治发展的走势是显而易见的。应该指出的是，当今拉丁美洲各国为应对新自由主义给社会带来的冲击和挑战，已出现了带有不同色彩的新民众主义，乃至在民众的选择下诞生了一批新左派、中左派政权。新民众主义出现了多元化的新趋势。在经济全球化深入发展的挑战面前，拉美各国今后将走向何方，人们正拭目以待。

三、早期民众主义的历史局限性

早期民众主义是阿根廷民众主义发展历程中的"幼年"时期，在实践上具有很大的局限性。这种实践中的不成熟性严重影响了阿根廷政治生活的健康发展。

将早期民众主义带入阿根廷的是伊里戈延和激进党。无论是伊里戈延还是激进党在阿根廷寡头政治时期都是郁郁不得志的，是以反对派和反对党的身份而存在。而当时面对强大的寡头势力，伊里戈延和激进党始终处于政治生活的边缘，是无法在体制内进行活动。同时早期民众主义的社会基础又是阿根廷的民众力量。民众本身就是一个是具有排除色彩的集体名词，可以理解为是将拥有特权的社会上层排除出去的其他人群。因此早期民众主义的社会基础是非常杂乱的、无序的。当时阿根廷新兴的民众力量大概有两点是较为统一的。第一，民众力量都是被寡头政治所排斥，都处于政治无权的地位。第二，就是企图打破寡头政治的独占性。伊里戈延和激进党正是看到了这些共同点才得以提出早期民众主义并领导了早期民众主义的实践。

因此早期民众主义从一开始就是由一些当时不得志、被边缘化的政治人物领导的国家政治生活的"门外汉"，来反对当时阿根廷政治体制的主导者——大农牧业主的运动。因此在早期民众主义实践初期，伊里戈延并没有可以利用的体制规范。长期松散状态中的激进党也不能为伊里戈延提供更多对组织政党、领导政党活动的机制和经验，再加之伊里戈延个人成长的经历等。所有这些都导致伊里戈延"在组织阿根廷历史上第一个民众政党……是将重点放在个人忠诚和个人关系上"[①]。所以，早期民众主义实践乃至激进党从一开始就开始使用非制度化的政策。

伊里戈延领导下的早期民众主义实践不是一个有着严密规章和制度的社会改造活动，而是一个由伊里戈延个人力量维持的松散的运动。

从早期民众主义实践的主要力量来看，民众势力在当时并不是一个团结的政治力量，而是一个被寡头势力排斥于主体制度之外的各阶级和各阶层的联合。从目标上说，早期民众主义运动也并不是完全统一的。中产阶级的目标很明确，就是在经济上维持原有的经济体制，在政治上部分地改变原有政治结构，分享政治权利。对于工人阶级来说，目标则主要是经济上的，即维护经济利益，分享经济成果，政治运动则是实现经济利益的手段，并不是他们关注的重点。

在领导力量上，早期民众主义的领导力量并没有形成结构化和体系化的核心力量。早期民众主义的发展很大程度上取决于伊里戈延个人领导。从表面上看，早期民众主义运动的领导组织一直都是激进党，但是激进党在早期民众主义运动中并没有起到西方国家政治领域中的政党作

---

① José Luis Romero. *A history of Argentine political thought*. California: Stanford university press, 1963, p.97.

用。激进党始终没有发展成为一个立足国家的整体、长远发展的政党，只是一个跟随伊里戈延，以伊里戈延个人决策为中心的组织。在激进党内部也有一些反对声音，但是这些都不足以改变激进党的基调，无法化解伊里戈延的个人影响力。当伊里戈延可以有效地把握和协调政局时，激进党还可以在阿根廷政治生活中发挥执政党组织和领导早期民众主义运动和阿根廷国家的基本作用。当伊里戈延个人决定失误或者对形势判断出现偏差而引起伊里戈延个人领导力量受到削弱时，激进党根本无力承担一个执政党应有的领导国家，组织和协调社会的任务。在这种情况下，早期民众主义运动就由于领导组织上的分裂而受挫。因此在领导力量上，早期民众主义实践没有一个统一、有机、健康的领导力量。

在组织结构上，早期民众主义实践也显示出强烈的松散化和个人化。对于中产阶级来说，早期民众主义实践的目的就是分享政治权利，而不是要建立一个新的政治体系。对于工人阶级来说，早期民众主义实践仅是迫使当政者在物质利益分配时做出一定让步，适当满足工人阶级经济要求的手段。对于伊里戈延个人来说，早期民众主义也只是实现个人政治抱负的工具，即领导激进党借助民众势力和早期民众主义的力量，在阿根廷政治权力斗争中占有制高点。就民众主义实践的主力和领导人来说，阿根廷早期民众主义只是一个工具或者一种手段，借以实现各自的在经济和政治上的利益。因此，早期民众主义对于阿根廷国家的政治体系和政治体制是否健全、完善并没有投入更多的关注。当伊里戈延领导民众主义运动对寡头统治发动挑战时，伊里戈延主要是通过道德宣传和利益许诺来吸引当时处于体制之外的民众势力。1916 年当选总统之后，伊里戈延也没有从根本上改变领导方式。伊里戈延对中产阶级仍然是通过非体制、非正式的方式来拉拢中产阶级，保证中产阶级对伊里戈延本人和激进党的支持。贯穿早期民众主义的始末，伊里戈延在处理与工人阶级的关系时，始终保持一种非正式的私人关系。伊里戈延通过与工人组织建立非正式的私人关系调节劳资纠纷，通过非制度化的形式，局部和暂时地满足工人的经济要求。伊里戈延与工人阶级一直保持的是一种体制之外的松散关系。在中央与地方关系上，出于打击异己势力或者施恩于中产阶级，伊里戈延通过行使"联邦干预"，使用行政命令越过正常的制度程序大量地更换地方领导人。伊里戈延利用总统的特权对地方政治事务的干预"不仅仅代表总统对省的政治体制和权力的暂时干预，而是代表着总统对国家政治基本结构的'大屠杀'"，伊里戈延行使干预权利"直接引起各省政治反对派被边缘化，有时甚至被粉碎。间接上大大降低了政治反对派在国会中的权力和影响。引起反对派诉诸超法律或者非法律的政治斗争。对他们来说，这是合法的，因为他们有望在政府中保持身份和影响的唯一手段"。①无论出发点如何，激进党领导人对地方实施的"联邦干预"，引起各省领导人的强行替换，造成中央和地方关系的非制度化。无论是作为反对党领袖还是执政党领袖，伊里戈延领导早期民众主义运动时表现出的非制度化特点一直没有发生根本性的变化。

同时，由于早期民众主义的随机性决定了激进党没有关注对社会的整合和包容。激进党没有建立妥协机制。早期民众主义理论没有为阿根廷建立一个疏导社会矛盾，保证社会平稳发展的和平的政治竞争。早期民众主义"在政治生活中的所有胜利使他们孤立和疏远了社会中最强大的集团，但是同时又在经济上加强了这个集团。经济上的成功使他们忽视了工人阶级体制的建立"②。早期民众主义的实践并没有为阿根廷培育出一个健康的竞争环境和选举环境。这种状况在当时看来是有利于激

① Anne L.Potter. The Failure of Democracy in Argentina 1916–1930: An Institutional Perspective. *Journal of Latin American studies*, Vol.13, No.1, May, 1981.

② Theodore H.Moran. The 'Development' of Argentina and Australia: the radical party of Argentina and the Labor party of Australia in the process of Economic and political development. *Comparative Politics*, Vol.3, No.1, Oct. ，1970.

进党对政权的掌控，然而却在更深层次上阻碍了激进党的成长，也为阿根廷政治竞争极端化埋下了伏笔。正因为如此，在早期民众主义时期，激进党和伊里戈延都没有利用执政党和总统身份来学习如何成为一个既知道反对什么又懂得如何建设的政党。而对一个成熟的政党来说，如何建设国家，如何规划未来应该是更为重要的。1930 年的军事政变又将激进党打回了原形，变成了一个不合法的反对党，激进党从此失去了学习的机会和平台。即使后来在阿根廷政治变动中，激进党成为合法政党甚至走向政治舞台的中心，然而早期民众主义给激进党打上的烙印始终没有彻底改变。激进党始终保持了一种不妥协、不合作、反对的姿态。这种作风导致激进党在阿根廷政治生活中始终没有建立有力、稳定、广泛的社会基础，也始终没有成为阿根廷的决定性政党。

此外早期民众主义为阿根廷政治生活带来的这种"非你即我"的政治文化也严重影响了阿根廷民主政治的健康发展，引发此后阿根廷政党竞争的极端化。这也为阿根廷军人反腐干政打下了基础。而军人干政有进一步剥夺了政党之间学习协调、学习妥协的机会。所以这些叠加起来为都成为阿根廷政治问题的一大根源。

以上这些局限性既是民众主义理论本身不成熟的表现，又是阿根廷的国情使然。事实表明，这些局限性严重影响了阿根廷政治发展的进程，成为时至今日阿根廷政治生活中不可回避和忽略的重要因素。

结　论

　　20世纪初，民众主义出现在阿根廷社会生活中具有其历史必然性。19世纪末20世纪初阿根廷政治、经济和社会领域的变与不变的交织为民众主义的初显创造了条件。这种变与不变都是阿根廷社会发展的产物。

　　变首先是在经济领域。在早期现代化过程中，阿根廷形成了以农牧业产品出口为主导的经济发展模式。在这个模式下，农牧业经济得到了进一步的巩固和发展，成为阿根廷经济发展的原动力，是阿根廷财富的主要创造者。农牧业经济的至尊地位得到确立。此外，经济领域的变最主要表现为以工商服务业为主的新兴产业部门在早期现代化中得到了前所未有的发展。这些产业部门的存在和发展受益于农牧业经济的发展，是服务于农牧业初级产品的出口，对农牧业经济具有明显的依赖性。但是这些产业的存在对农牧业出口经济以及阿根廷国家经济顺利、有序运行又是必不可少的，因此又具有相对的独立性。经过分化、发展，在这些行业中最终形成阿根廷新兴的社会阶级——中产阶级和工人阶级。到20世纪初，阿根廷的中产阶级已成为拥有一定经济实力，在经济领域中成为仅次于大农牧业主的新一代的经济实力派。处于社会最底层的工人阶级，虽然在经济上不时地受到当权派的威胁，但是工人阶级人数众多而且是阿根廷现代化发展最主要、最直接的劳动力，其阶级意识也逐渐形成。经济领域的这些变化为早期民众主义的出现准备了客观条件。

　　政治领域中的变主要源于中产阶级。获得与其经济地位相匹配的政治权利是当时阿根廷中产阶级最大的政治诉求。为此，中产阶级对政治权利和参政机会表现出极大的热情，希望分享更多的政治权利，获得更为广阔的上升空间，在阿根廷政治、社会生活中拥有更为重要的席位。中产阶级高涨的政治热情和强烈的政治诉求是阿根廷政治领域中最大的变化。阿根廷政治领域在变的同时却坚守着另一份顽固的不变即寡头政治。阿根廷的寡头政治是在精英主义和实证主义影响下形成，是以大农牧业主为主导的政治形式。寡头政治具有浓厚的独占性和排他性。在 20世纪初的阿根廷，伴随着中产阶级经济实力的发展以及工人阶级的阶级意识日渐清晰，大农牧业主赖以独占政治权力的寡头政治受到前所未有的质疑。但是阿根廷社会上层中的顽固派仍坚持原有精英民主和寡头政治，拒绝扩大参政范围，拒绝向中产阶级开放政治权利。在阿根廷政治领域中，由于中产阶级兴起而带来的对原有政治领域的冲击与社会上层固守寡头政治的这种变与不变的较量就成为阿根廷社会变革的突破口，也为早期民众主义进入阿根廷准备了条件。

社会文化领域的变主要表现为原有的精英文化受到冲击。实证主义者将目光投向社会中层，中产阶级的力量得到重视。中产阶级所倡导民族主义在阿根廷兴起。社会文化领域中出现的变为阿根廷社会变革提供了思想源泉。

所以早期民众主义的出现是 20 世纪初阿根廷社会经济、政治和社会发展变化的产物，是当时阿根廷社会政治矛盾凸显的产物。

20 世纪初期，伊里戈延和激进党将民众主义带入了阿根廷。伊里戈延领导的激进党在组织民众尤其是中产阶级争取政治权力到夺取政权再到巩固政权的过程正是阿根廷早期民众主义诞生、成长的过程。

伊里戈延时期的民众主义虽非阿根廷历史上最为经典的民众主义，但其已经具备了民众主义的基本内容，体现了民众主义的基本特点。因此可以将之称为阿根廷的早期民众主义。在阿根廷早期民众主义形成发展的过程中，魅力领袖人物即伊里戈延始终扮演者重要的角色，发挥着重要作用。伊里戈延作为早期民众主义的领袖并非来自中产阶级或者工人阶级，而是来自农牧业主阶层。在当时的阿根廷，伊里戈延属于中小农牧业主，是阿根廷社会上层中持不同政治观点的人物。从其个人政治生涯可以看出，伊里戈延始终处于阿根廷政治体制之内。但是伊里戈延又是不被体制之内的主流派所认可和接纳的人物，处于被边缘化的政治处境。在当时的阿根政治生活中，被边缘化的政治活动家，伊里戈延并非个案。这些政治活动家通过不同的渠道表达诉求，争取权力。伊里戈延经过多次尝试之后看到了阿根廷刚刚兴起的民众势力。为了吸引、动员、组织民众势力，伊里戈延不仅自身的观念意识发生了改变而且对原有激进党纲领也进行了彻底修改。伊里戈延提出的新观点、新思想对广大民众势力具有很强的吸引性，民众势力尤其是中产阶级逐渐成为伊里戈延的追随者。伊里戈延也从过去一个农牧业主的反对党领袖转变为民众主义领袖。之后，无论是在民众主义理论形成中还是民众主义实践中，伊里戈延始终处于核心地位，是民众主义发展的主导者和指挥者。

在早期民众主义发展历程中，与伊里戈延突出的个人地位形成强烈反差的是政党作用的不足。伊里戈延是将激进党纲领进行了改造，将之从一个体制之内的反对党改造成一个民众主义政党，以此来组织民众力量。伊里戈延是作为激进党领导人的身份来组织和领导政治活动。激进党始终是伊里戈延所依托的政治组织。但是在实践中，早期民众主义理论的形成及实践始终是以伊里戈延个人为中心，激进党成为伊里戈延领导民众势力从事政治活动的一个躯壳，伊里戈延才是真正的灵魂。所以在早期民众主义发展过程中，激进党是不能离开伊里戈延的。离开了伊里戈延的激进党或是四分五裂或因徘徊不前而失去竞争力。这种现象在阿尔维亚尔时期的早期民众主义以及1930年军事政变之后激进党的表现中一览无余。因此在早期民众主义发展中，激进党在实际中始终没有成长为一个成熟的政党，形成一个"铁打的营盘"。相反，激进党却始终扮演着伊里戈延的配角，成为伊里戈延展示领导魅力的舞台。激进党的软弱是早期民众主义衰落的重要原因之一。造成这种状况与伊里戈延不重视政党的培育和完善有着密切关系。

在早期民众主义理论的形成中或是在其实践中，伊里戈延始终是以政治为核心，更确切地说始终是以政权为中心。在培尼亚选举法之前，民众主义的重点是抨击当时的寡头政治，力图将社会所有的反对声都集中于此，给寡头政治造成无法回避的压力，迫使其做出改变。培尼亚选举法通过后，民众主义发展进入另一个阶段。在这个阶段，伊里戈延工作的重点转为通过不同的途径和政策最大限度地吸引选民，最大化地利用培尼亚选举法的新规，力争使激进党成为执政党。伊里戈延当选阿根廷总统之后，早期民众主义的重点始终是着眼于巩固政权。无论是经济政策的变化还是施政政策的实施或是社会政策的改变都是围绕着稳固中产阶级支持，安抚工人阶级势力，争取上层力量的宽容，打击不安定因素。所有这些就出于一个目的即巩固政权。所以早期民众主义自始至终都是以政治权力，以政治为核心。因此，阿根廷早期民众主义从本质上说是一种政治理论。但是早期民众主义又并非一种深奥的具有战略意义的理论，而是一种具有很强实践性的，在实践中逐渐形成的一种战术理论。早期民众主义的实践过程充分展示了这一点。因此，早期民众主义在改变阿根廷寡头政治，推动阿根廷政治民主化中发挥了重要作用。但是也正是因为如此，早期民众主义在实践中体现出一些政治策略等特点。从阿根廷民众主义发展的整个历程来看，这正是伊里戈延时期民众主义不成熟的表现，也恰是民众主义早期的特点。无论具有何种不足和缺憾，20世纪初阿根廷社会的发展和变化为民众主义进入阿根廷政治生活提供了历史机遇。

19世纪末20世纪初，在变与不变中徘徊的阿根廷为早期民众主义的初显提供了客观现实条件。同时，阿根廷的这种变与不变有成为制约早期民众主义深入发展的客观现实。农牧业经济独大的局面造就了大农牧业主依然是阿根廷最有实力的阶层，其社会地位是巩固的。中产阶级和工人阶级赖以生存的经济部门虽然是阿根廷国家经济发展不可或缺的部门，但对农牧业经济具有强烈的依赖性。这也决定无论是中产阶级还是工人阶级都不是阿根廷社会最有发言权的阶级，也不可能成为阿根廷唯一的实力阶级。因此，中产阶级的政治挑战力是有限的，也是犹豫的。以中产阶级为基础的早期民众主义也必然是改良的。再加之在早期民众主义发展过程中，其主要领导人伊里戈延将早期民众主义只是定位于政治理论，始终着眼于夺取政权、稳定政权。因此，早期民众主义自身视野的不宽广制约了理论的发展和成熟。更有甚者，在实践中早期民众主义常常被当作一种政治策略，为伊里戈延和激进党的政治所服务，大大损伤了早期民众主义作为一种政治理论的战略性和前瞻性。所有这些都制约了早期民众主义实践对阿根廷社会的改造力度。早期民众主义只是暂时缓和了阿根廷社会矛盾，并没有从根本上改变大农牧业主对阿根廷社会尤其是政治领域的控制。

尽管如此，早期民众主义还是完成了它的历史使命，在阿根廷社会发展中占有重要的历史地位。通过早期民众主义政策的推行，阿根廷的中产阶级第一次正式地进入政治领域，获得了与社会上层分享政治权利的机会。在阿根廷政治发展史上，这是第一次将非贵族势力带入政治领域，为阿根廷政治民主化开辟了道路。在经济领域，通过早期民众主义政策的推行，工人阶级的经济利益得到了部分地满足，分享了现代化带来的一部分经济果实。可以说，早期民众主义在一定程度上缩小了阿根廷现代化进程中分配领域的巨大差距。早期民众主义的实践完成了阿根廷民主政治探索的第一步，促进了阿根廷政治民主化的进程，推动了阿根廷现代化向更广和更深入的发展。

1930 年以后，早期民众主义作为一场政治运动退出了阿根廷历史舞台，但其作为阿根廷现代化进程中的一种政治理论并没有退出阿根廷的政治舞台。庇隆时期出现的经典民众主义以及 新民众主义都可以看作是早期民众主义的发展和升华。早期民众主义对阿根廷政治发展的走势具有长久的影响力。

早期民众主义历经伊里戈延时期的辉煌到 1930 年走向了低潮。但是早期民众主义其理论的内涵、运动的形式以及政党的核心理念等在阿根廷社会发展的历史长河中好似"大浪淘沙"，最终形成阿根廷甚至是全世界政治文化中的一颗璀璨明珠，影响着众多国家的社会发展。

参考文献

一、外文文献

A., Kirk.

Is Chavez Populist? Measuring Populist Discourse in Comparative Perspective. *Comparative Political Studies*, Vol.42, 2009.

Adelman, Jeremy.

State and labour in Argentina: the portworkers of Buenos Aires, 1910–21. *Journal of Latin American Studies*, Vol.25, No.1,Feb.,1993.

Socialism and democracy in Argentina in the Age of the second international. *The Hispanic American Historical Review*, Vol. 72, No. 2, May, 1992.

Agricultural credit in the province of Buenos Aires, Argentina 1890–1914. *Journal of Latin American Studies*, Vol.22, No.1,Feb.,1990.

Political Ruptures and Organized Labor: Argentina, Brazil, and Mexico, 1916–1922", *International Labor and Working-Class History*, No. 54, 1998.

Alberdi, Juan Bautista.

Bases *y puntos de partida para la organizac í on pol í tica de la Rep ú blica Argentina*. Buenos Aires: W. M. Jackson, 1953.

Alfons í n, Raúl.

Qu é es el radicalismo, Editoral sudamricana Buenos Aires, 1985.

Alonso, Paula.

Politics and election in Buenos Aires 1890–1898: The performance of the radical party. *Journal of Latin American Studies*, Vol.25, No.3, Oct.,1993.

Anderson, Leslie E.

The Problem of Single-Party Predominance in an Unconsolidated Democracy: The Example of Argentina. *Perspectives on Politics*, Vol.7,No.4,2009.

Baily, Samuel L.

Labor Nationalism, and Politics in Argentina, New Jersey: Rutgers university press, 1967.

Marriage Patterns and immigrant Assimilation in Buenos Aires,1882-1923. The Hispanic American Historical Review, Vol.60, No.1, Feb. 1980.

Baklanoff, Eric N.

Argentina, Chile, and Mexico: Contrasts in economic policy and performance. *Journal of Inter-American studies,* Vol.3, No.4, Oct.1961.

Balan, Jorge

Migrant-native socioeconomic differences in Latin American cities: A structural analysis. *Latin American Research Review*, Vol.4,No.1,Spring, 1969.

Barager, Joseph R.

The historiography of the R í o de la plata Area since 1830. *The Hispanic American Historical Review*, Vol.XXXIX, No.4, November, 1999.

Barnhart, Edward N.

Citizenship and political tests in Latin American Republics in World War Ⅱ. *The Hispanic American Historical Review*, Vol.XVII, No.3, 1962, August.

Bendaña, Alejandro.

British Capital and Argentine Dependence,1816-1914, New York: Garland Publishing Inc.,1988,

Bertoni, Lilia Ana .

Patriotas, Cosmopolitas y Nacionalistas: La Construcci ó n de la Nacionalidad Argentina a Fines del \Siglo XIX, Buenos Aires, Fondo de Cultura Econ ó mica de Argentina, 2001. http://www.biblioteca.unlpam.edu.ar/pubpdf/anuario_fch/n05a30mu%C3%B1oz.pdf.

1Bonaudo, Marta & Elida Sonzogni & Andrew kLatt.

To populate and to discipline: Labor market construction in the province of Santa Fe, Argentina, 1850–1890. *Latin American Perspectives*, Vol.26, No.1, Creating Marketsin Latin America1750–1998, Jan.,1999.

Brennan, James P.

Industrial sectors and union politics in Latin American labor movements: light and power workers in Argentina and Mexico. *Latin American research review* , Vol. 30, No.1, 1995.

Brignoli, Hector Perez.

The economic cycle in Latin American agricultural export economies (1880–1930): A hypothesis for investigation. *Latin American Research Review* ,Vol.15, No.2, 1980.

Brown, Jonathan C.

The bondage of old habits in nineteenth–century Argentina. *Latin American Research Review,* Vol. XXI, No.2, 1986;

Buscaglia, Marcos A.

The political economy of Argentina' s debacle. *Policy refo*rm，Vol.7, No.1, 2004.

Bunkley, Allison W.

Sarmiento and Urquiza. *The Hispanic American Historical Review*, Vol.30, No.2, May,1950.

Buscaglia, Marcos A.

The political economy of Argentina' s debacle. *Policy Reform*, Vol.7, No.1, March, 2004.

Calvert, Susan/ Calvert, Peter.

Argentina. *Political Culture and Instability*. Worcester:The Macmillan Press, 1989.Canton,

Dario.

Elecciones y partidos politicos en la Argentina—historia, interpretaci ó n y balance 1910–1966. Singlo XXI Argentina editeres S.A, Buenos Aires, 1973

Canton ,Dar í o & Jorge Ra ú l Jorrat.

Continuity and change in elections in the city of Buenos Aires，1931– 1954. *Latin American Research Review,* Vol.33, No.3, 1998.

Catterberg，Edgardo.

Argentina confronts politics —Political culture and public opinion in the Argentine transition to democracy. Boulder &London: Lynne Rienner publisher, 1991.

Chapman,Charles E.

The age of the caudillos: A chapter in Hispanic American history. The *Hispanic American Historical Review*, Vol.12, No.3, Aug.,1932.

Chasteen John Charles.

The Contemporary history of Latin America. Durham and London :Duke University press, 1993.

Coatsworth，John H.&Taylor，Alan M.

Latin America and the world economy since 1800. Harvard university: David Rockefeller center for Latin American studies, 1998.

Colomer, Josep M.

Taming the tiger：voting rights and political instability in Latin America.

Latin American Politics and Society, Vol.46, No.2, Summer, 2004.

Conniff, Michael L.

Latin American Populism in Comparative Perspective. University of New Mexico Press,1982.

Populism in Latin America. Tuscaloosa and London: The university of Alabama press, 1999

Cox ,Gary W. & Scott Morgenstern.

Latin America's reactive assemblies and proactive presidents. *Comparative Politics*, Vol. 33, No.2, January 2001.

Crassweller, Robert D.

Per ó n and The Enigmas of Argentina. New York/London: W.W.Norton and Company , 1987.

Davila Luis, Ricardo.

The rise and fall and rise of populism in Venezuela. *Bulletin of Latin American Research*, 19, 2000.

Davis, Harold E.

HIPOLITO YRIGOYEN (1852–1933) The Argentine Man of Mystery. *World Affairs*, Vol. 110, No. 4, 1947.

Davis, Harold Eugene. &Finan ,John J. & Taylor Peck ,F.

Latin American Diplomatic History. Baton Rouge and London: Louisiana State University press ,1977.

De la Torre, Carlos.

populist redemption and the unfinished democratization of Latin America. *Constellations*, Vol.5, No.1, 1998.

Deutsch, Sandra McGee.

Counterrevolution in Argentina, 1900–1932 The Argentine Patriotic

League. Lincoln & London: University of Nebraska press, 1986.

Di Tella, Torcuato S.

Populism and reform in Latin America. edited by Claudio Veliz. *Obstacles to change in Latin America,* London: Oxford University Press,1965.

Working–class organization and politics in Argentina Latin American Research Review, Vol.16, No.2, 1981.

Di Tella, Guido & Platt, D.C.M.

The political economy of Argentina 1880–1946. London: The Macmillan press Lta ,1986.

Dix, Robert H.

Populism: authoritarian and Democratic. *Latin American Research Review,* Vol. 20, No. 2 ,1985.

Dombusch, Rudiger/Edwards,Sebastian

The Macroeconomics of Populism in Latin America. The University of Chicago Press,1982.

Eaton ,Kent.

Can politicians control bureaucrats? applying theories of political control to Argentina's democracy. *Latin American politics and society*, Vol.54, No.4, Winter, 2003.

Ernesto Tornquist, Co

The Economic Development of the Argentina Republic in Last Fifty Years. Buenos: Ernesto Tornquist &co.limited, 1919.

Ferns, H. S.

Beginnings of British investment in Argentina. *The Economic History Review*, New series, Vol.4, No.3, 1952.

Britain's informal empire in Argentina, 1806–1914. *Past and Present ,*

No.4, Nov.,1953.

Investment and trade between Britain and Argentina in the nineteenth century. *The Economic History Review, New series*, Vol.3, No.2, 1950.

Fleming, William J.

The cultural determinants of entrepreneurship and economic development: A case study of Mendoza province Argentina, 1861–1914. *The Journal of Economic History*, Vol.39, No.1, The Tasks of economic history, Mar., 1979.

Floria, Carlos A.& C é sar A. Garc í a Belsunce.

Historia pol í tica de la Argentina contempor á nea 1880–1983, Alianza editorial, 1988.

Ford, A.G.

Argentina and the Baring Crisis of 1890. *Oxford Economic Papers*. New Series , Vol.8, No.2, Jun., 1956.

British investment in Argentina and long swings, 1880–1914", *The Journal of Economic History*, Vol.31, No.3, Sep., 1971.

Freels, John W.

Industrial traded associations in Argentine politics :historical roots and current prospects. *The Americas*,Vol.27, No.2, Oct.,1970.

Fred Rippy, J.

German investments in Argentina. *The Journal of Business of The University of Chicago*, Vol.21, No.1, Jan.1948.

G á lvez, Manuel.

Amigos y Maestros de Mi Juventud, Buenos Aires, Librer í a Hachette, 1961.

Gelman, Jorge.

New perspectives on an old problem and the same source: the Gaucho and the rural history of the colonial R í o de la plata. *The Hispanic American Historical Review*, Vol.69, No. 4, November, 1989.

Gibson, Edward L.

The populist road to market reform: policy and electoral coalitions in Mexico and Argentina.*World Politics* , Vol.49, No.3, April 1997.

Goldwert, Marvin.

The Rise of Modern Militarism in Argentina. *The Hispanic American Historical Review*, Vol.XLVIII, No.2, May, 1968.

Goodrich, Carter.

Argentina as a new country. *Comparative Studies in Society and History*, Vol.7, No.1, Oct.,1964.

Goodwin Jr., Paul B.

The politics of Rate-making: The British-owned railway and the Union civica radical, 1921–1928. *Journal of Latin American Studies,* Vol.6, No.2,Nov.,1974.

Anglo-Argentine commercial relations: A private sector view, 1922–43. *The Hispanic American Historical Review*, Vol.61, No.1, 1981.

"The Central Argentine Railway and the Economic Development of Argentina 1854–1881" ,*The Hispanic American Historical Review*, Vol.57, No.4, 1977.

Goodwyn ,Lawrence.

The Populist Moment —A short history of the Agrarian revolt in America, Oxford: Oxford university press, 1978.

Gravil, Roger.

The Anglo-Argentine Connection and War of 1914–1918. *Journal of Latin American Studies,* Vol.9, No.1, May, 1977.

Greenberg, Daniel J.

Sugar depression and agrarian revolt: the Argentine Radical Party and Tucum á n cañeros' strike of 1927.*The Hispanic American Historical Review,* Vol.67, No.2, May , 1987

Green ,James.

Populism, Socialism and the Promise of Democracy. *Radical History Review,* 24, Fall, 1980.

Gravil, Roger.

The Anglo–Argentine connection and the war of 1914–1918. *Journal of Latin American Studies,* Vol.9, No.1, May, 1977.

Guy, Donna J.

The rural working class in nineteenth–century Argentina: forced plantation labor in Tucuman. *Latin American Research Review,* Vol.XIII, No.1, 1978.

Carlos Pellegrini and the politics of early Argentine industrialization, 1873–1906. *Journal of Latin American Study,* Vol.11, No.1, May, 1979.

Women, peonage, and industrialization: Argentina, 1810–1914. *Latin American Research Review,*Vol.16, No.3, 1981.

Hagopian, Frances.

After regime change —Authoritarian legacies, political representation, and democratic future of south America. *World Politics*, Vol.45, No.4, April, 1993.

Hasbrouck, Alfred.

The conquest of the desert. *The Hispanic American Historical Review,* Vol.15, No.2, May,1935.

The Argentine revolution of 1930. *The Hispanic American Historical Review*, Vol.18, No.3, Aug.,1938.

Hodge, John E.

Carlos Pellegrini and the Financial Crisis of 1890. *The Hispanic American Historical Review*, Vol.50, No.3, Aug., 1970.

Julio Roca and Carlos Pellegrini : An expedient partnership. *The Americas*, Vol.32, No.3, Jan.,1976.

Hora, Roy.

The landowner of the Argentina pamps : a social and political history 1860–1945, Oxford University Press, 2001.

Horowitz, Joel.

Argentina' s failed General Strike of 1921:A Critical Moment in the Radicals' relations with Union . *The Hispanic American Historical Review*, Vol.75, No.1,1995

Bosses and Clients: Municipal Employment in the Buenos Aires of the Radicals 1916–1930. *Journal of Latin American Studies*, Vol.31, No.3, Oct. 1999.

Instituto Yrigoyeneano.

Doctrina de la un í on c í vica radical—origen y aplicación, Instituto Yrigoyeneano, Buenos Aires,1989.

James ,Daniel

Dependency and Organized Labor in Latin America. *Radical History Review* , 18, 1978, Fall.

Jansen, Robert S.

Populist Mobilization: A New Theoretical Approach to Populism. *Sociological Theory*, Vol. 29, No. 2, June 2011.

Jones, Clarence F.

Argentine trade developments. *Economic Geography,* Vol.2, No.3, Jul., 1926.

Johnson, John J.

The political role of the Latin-American middle sectors. Annals of the *American Academy of Political and Social Science*, Vol.334, Latin America' s nationalistic revolutions, Mar.,1961.

Middle groups in national politics in Latin America. *The Hispanic American Historical Review*, Vol.XXXVII, No.3,1957.

Johns, Michael.

The urbanization of a secondary city: the case of Rosario, Argentina,1870–1920. *Journal of Latin American Studies*, Vol.23, No.3, Oct., 1991.

Industrial Capital and Economic Development in Turn of the Century Argentina. *Economic Geography*, Vol.68, No.2, Industrial Geography.Apr., 1992 .

John W. Freels, JR.

Industrial Trade Association in Argentine politics: Historical Roots and Current Prospects. *The Americas,* Vol.27 ,No.2, oct., 1970.

Jones, Clarence.F.

Argentine Trade developments. *Economic Geography*, Vol.2, No.3, Jul.1926.

Karush, Matthew B.

Workers or Citizens —Democracy and Identity in Rosario, Argentina (1912-1930) , Albuquerque: The university of New Mexico Press, 2002.

Kitching, Gavin.

Development and underdevelopment in historical perspective— populism ,nationalism and industrialization . Great Britain :Routledge, 1989.

Korzeniewicz, Roberto P.

The labor movement and the state in Argentina, 1887–1907. *Bulletin of*

Latin American Research , Vol.8., No.1., 1989.

Labor unrest in Argentina 1887–1907. *Latin American Research Review*, Vol.XXIV, No.3, 1989.

The labor politics of radicalism: the Santa Fe crisis of 1928. *The Hispanic American Historical Review*, Vol.73, No.1, Feb.,1993.

Kress, Lee Bruce.

Argentine liberalism and the church under Julio Roca,1880–1886. *The Americas,* Vol.30, No.3, Jan., 1974.

Larkins, Christopher.

The judiciary and delegative democracy in Argentina. *Comparative Politics,* Vol.30, No.4, July, 1998.

Layton, Walter T.

Argentina and food supply. *The Economic Journal*, Vol.15, No.58, Jun, 1905.

Leaman, David.

Changing faces of populism in Latin America: masks, makeovers, and enduring features. *Latin American Research Review*, Vol.39, No.3, October, 2004.

Lee, Manwoo.

Argentine political instability: A crisis of simultaneous quest for Authority and equality. *Journal of Inter–American Studies*, Vol.11, No.4, Oct., 1969.

Levitsky, Steven & Lucan A. Way.

Between a shock and a hard place the dynamics of labor–backed adjustment in Poland and Argentina. *Comparative Politics,* Vol.30, No.2, January 1998.

Levitsky, Steven.

Organization and labor–based party adaptation : the transformation of Argentine Peronism in comparative perspective. *World Politics,* Vol.54, No.1, October , 2001.

Levitsky, Steven.

From labor politics to machine politics: the transformation of party–union linkage in Argentine Peronism, 1983–1999. *Latin American Research Review,* Vol.38, No. 3, October, 2003.

linares Quintana, segundo V.

The Etiology of Revolution in Latin America .*The Western Political Quarterly,* 4, June ,1951.

Little, Walter.

Party and State in Peronist Argentina, 1945–1955. *The Hispanic American Historical Review,* Vol.53, No.4, November , 1973.

Luiggi, Alice Houston.

"Some letters of Sarmiento and Mary Mann 1865–1876, part I" , The *Hispanic American Historical Review,* Vol.32, No.2, May, 1952.

MacDonald, Austin F.

The government of Argentina. The Hispanic American Historical Review, Vol.5, No.1, Feb., 1922.

Mcgee, Sandra F.

The visible and invisible Liga patri ó tica Argentina, 1919–28: gender roles and the right wing. *The Hispanic American Historical Review,* Vol .64, No.2, May, 1984.

Mead, Karen.

Gendering the obstacles to progress in positivist Argentina, 1880–1920. *The Hispanic American Historical Review,* Vol.77, No.4, November , 1997.

Merkx, Gllbert W.

Recessions and Rebellions in Argentina 1870–1970. *The Hispanic American Historical Review*, Vol.53, No.2, 1973, May.

Moore, Mick.

Leading the left to the right: populist coalitions and economic reform. *World Development*, Vol.25, No.7, 1997.

Moran, Theodore H.

The "Development" of Argentina and Australia: the radical party of Argentina and the Labor party of Australia in the process of Economic and political development. *Comparative Politics* ,Vol.3, No.1,

Morse, Richard M.

Recent research on Latin American urbanization: a selective survey with commentary. *Latin American Research Review*, Vol.1, No.1, Autumn, 1965.

Munck, Ronaldo.

Labor studies in Argentina. *Latin American Research Review,* Vol. XXI, No.3, 1986.

Munck, Ronaldo, Falc ó n, Ricardo, Galitelli, Bernardo.

Argentina from anarchism to peronism —Workers, Unions and Politics 1855–1985, London and New jersey: Zed book Ltd, 1987.

Nasatir, David.

University experience and political unrest of student in Buenos Aires. *Comparative education review,* Vol.10, No.2, Special issue on student politics, Jun., 1966.

Negretto, Gabriel L.、 Aguilar—Rivera, José Antonio.

Rethinking the Legacy of the Liberal State in Latin America: The Cases of Argentina (1853–1916) and Mexico (1857–1910). *Journal of Latin American*

Studies, Vol.32, No.2, May 2000.

Newton, Ronald C.

On "functional groups," "fragmentation," and "pluralism" in Spanish American political society. *The Hispanic American Historical Review,* Vol.50, No.1, Feb., 1970.

Pastor Jr., Manuel & Carol Wise.

Stabilization and its Discontents: Argentina's economic restructuring in the 1990s. *World Development,* Vol.27, No.3, 1999.

Palermo, Silvana Alejandra.

The Nation Building Mission: The State-owned Railways in Modern Argentina, 1870–1930, Ph.D. dissertation , State University of New York, 2001, p.72.

Patrice Mcsherry, J.

Incomplete transition: Military power and democracy in Argentina. London: Macmillan Press Ltd, 1997.

Pellicer, Olga.

Regional Mechanisms and International Security in Latin America. New York: The United Nations University, 1998.

Posada-Carbo, Eduardo.

Electoral juggling: A comparative history of the corruption of suffrage in Latin America, 1830–1930. *Journal of Latin American Studies,* Vol.32, No.3, Oct., 2000.

Potash, Robert A.

The army and politics in Argentina 1928-1945——Yrigoyen to Perón. California: Standford university, 1969.

Potter, Anne L.

The Failure of Democracy in Argentina 1916–1930: An Institutional Perspective. *Journal of Latin American Studies*, Vol.13, No.1, May,1981.

Puiggrós, Rodolfo.

El Yrigoyenismo, Jorge alvavez editor, Buenos Aires, 1965.

Quesada, Ernesto.

The social evolution of the Argentine republic. *Annals of the American Academy of Political and Social Science,* Vol.37, No.3, Political and Social Progress in Latin–America, May, 1911.

Randall ,Laura.

Income distribution and investment in Argentina. *Latin American Research Review,* Vol.XII, No.3, 1977.

Ranis, Peter.

Deadly Tango: Populism and military authoritarianism in Argentina . *Latin American Research Review,* Vol.XXI, No.2, 1986.

Roberts, Kenneth M.

Neoliberalism and the transformation of populism in Latin America —the Peruvian case. *World Politics*,Vol.48, No.1, October , 1995.

Rock，David.

Politics in Argentina 1890–1930   ——The rise and fall of radicalism. Cambridge University Press, 2009.

State building and political movement in Argentina 1860–1916, Stanford University Press, 2002.

Authoritarian Argentina-The Nationalist Movement：Its history and Its Impact. California:The University of California Press, 1993.

Intellectual Precursors of Conservative Nationalism in Argentina, 1900–

1927. *The Hispanic American Historical Review*, Vol.67, No.2, May 1987.

Machine Politics in Buenos Aires and Argentine Radical Party1912–1930. *Journal of Latin American Studies*, Vol.4, No.2, Nov. 1972.

Romero, Jose Luis.

Las ideas políticas en Argentina, Fondo de cultura económica, Buenos Aires,1975

A history of argentine political thought. introduction and translation by Thomas F.Mcgann, Stanford University Press,1963.

Sarmiento, Domingo F.

Facuendo or Civilization and Barbarism, New York: Penguin Books, 1998.

Salvatore, Ricardo D.

The normalization of economic life: representations of the economy in Golden Age Buenos Aires,1890–1913. *The Hispanic American Historical Review*, Vol.81, No.1, February, 2001.

Schiff, Warren.

"The influence of the German armed force and war industry on Argentina, 1880–1914" , *The Hispanic American Historical Review*, Vol.52, No.3 , Aug., 1972.

Schwartz, Herman.

Foreign creditors and the politics of development in Australia and Argentina, 1880–1913. *International Studies Quarterly,*Vol.33, No.3, Sep., 1989.

Scobie, James R.

Buenos Aires as a commercial–bureaucratic city,1880–1910:characteristics of a city' s orientation *The American Historical Review*, Vol.77, No.4, Oct., 1972.

Argentina : patterns of urbanization in Argentina,1869–1914. *Latin American Research Review,* Vol.10, No.2, summer, 1975.

The significance of the September revolution. *The Hispanic American Historical Review*, Vol.XLI, No.2, 1961.

Smith, Peter H.

Argentina and the failure of democracy–conflict among political elites 1904–1955, Wisconsin: The university of Wisconsin press,1974.

Social mobilization political participation and the rise of Juan Per ó n. *Political Science Quarterly,* Vol.84, No.1, Mar., 1969.

Snow, Peter G. The class basis of Argentine political parties. The American Political Science Review, Vol.63, No.1, Mar., 1969.

Snow,Peter G. & Manzetti ,Luigi.

Political forces in Argentina (third edition), Westport: Praeger publishers, 1993.

Sofer ,Eugene F. & Szuchman,Mark D.

City and society: their connection in Latin American historical research. *Latin* American Research Review, Vol.XIV, No.2, 1979.

Solberg, Carl.

Rural Unrest and Agrarian Policy in Argentina,1912–1930. Journal of Interamerican Studies and World Affair, Vol.13, No.1, 1971

The Tariff and Politics in Argentina 1916–1930. *The Hispanic American Historical Review,* Vol.53, No.2,May ,1973.

Immigration and Urban Social Problems in Argentina and Chile,1890–1914. *The Hispanic American Historical Review,*Vol.49, No2, May, 1969.

Farm workers and the myth of export–led development in Argentina. *The Americas,*Vol.31, No.2, Oct., 1974.

Solberg ,Carl E.

Peopling the prairies and the pampas —the impact of immigration on Argentine and Canadian Agrarian development, 1870–1930. *Journal of Interamerican Studies and World Affairs*, Vol.24, No.2, May 1982.

Spektorowsk, Alberto.

Nationalism and Democratic Construction: The Origins of Argentina and Uruguay' s Political Cultures in Comparative Perspective. *Bulletin of Latin American Research,* Vol.19, No.1, January 2000.

The Ideological Origins of Right and Left Nationalism in Argentina, 1930–1943. *Journal of Contemporary History,* Vol.29, No.1, January 1994.

Spalding, Hobart A.

Education in Argentina,1890–1914: the limits of oligarchical reform. *Journal of Interdisciplinary History* , Vol.3, No.1, summer, 1972.

Stone, Irving.

British investment in Argentina. *The journal of Economic History* , Vol.32, No.2, Jun., 1972.

Susan & Calvert, Peter.

Argentina: political culture and instability. Worcester: Billing &Sons Ltd,1989.

Szusterman, Celia.

Carlos Sa ú l Menem: variations on the theme of populism. *Bulletin of Latin American Research* , 19, 2000.

Teichman, Judith.

Businessmen and politics in the process of economic development: Argentina and Canada. *Canadian Journal of Political Science Revue Canadienne de Science Politique*, Vol.15, No.1, Mar., 1982.

Thompson, Andrew.

Informal empire? An exploration in the history of Anglo–Argentine" , Journal of Latin American Studies Vol.24, No.2, May, 1992.

Thompson ,Ruth.

"The limitations of ideology in the early Argentine labour movement: anarchism in the trade unions,1890–1920. *Journal of Latin American Studies,* Vol.16, No.1, May, 1984.

Thorp, Rosemary.

An Economic History of Twentieth–century of Latin American(volume 2), Oxford :St Antony' s college , 2000.

Vanger, Milton I.

Politics and Class in Twentieth–Century Latin America. *The Hispanic American Historical Review*, Vol.XLIX, No.1, 1969.

Vilas ,Carlos M.

Latin American populism: A structural approach. *Science and Society,* Vol.56, No.4, Winter, 1992–1993.

Victoria Murillo, M.

From populism to neoliberalism labor unions and market reform in Latin America. *World Politics*, Vol.52, No.2, January, 2000.

Vogel, Hans.

New citizens for a new nation: naturalization in early independent Argentina. *The Hispanic American Historical Review,* Vol.71, No.1, February, 1991.

Waisman ,Carlos H.

Counterrevolution and structural change: the case of Argentina. *International political science review/revue internationale de science politique,* Vol.10, No.2, The Historical Framework of Revolutions Le Contexte desRevolutions, Apr., 1989.

Wagley ,Charles.

The dilemma of the Latin American middle classes. *Proceedings of the Academy of Political Science* ,Vol.27, No., 4, Economic and [olitical Trends in Latin America, May, 1964.

Wallace, Henry C.

The farmers and the railroads. *Proceeding of the Academy of Political Science in the City of New York* ,Vol.10, No.1, Railroad and Business Prosperity, Jul., 1922.

Walter, Richard J.

Municipal politics and government in Buenos Aires ,1918–1930. *Journal of Interamerican Studies and World Affairs* , Vol.16, No.2, May,1974.

Elections in the city of Buenos Aires during the first Yrigoyen administration: Social class and political preferences. *The Hispanic American Historical Review*, Vol.58, No.4, November, 1978.

*Student politics in Argentina —The university reform and its effects, 1918–1964.*New/London: Basic Book Inc. Publish, 1968.

Politics, parties, and elections in Argentina ′ s province of Buenos Aires 1912–42. *The Hispanic American History Review,* Vol.64, No.4, November,1984.

The intellectual background of the 1918 university reform in Argentina. *The Hispanic American h\Historical Review,* Vol.49, No.2, May, 1969.

The socialist press in turn–of–the–century Argentina. *The Americas,* Vol.37, No.1, Jul., 1980.

Wellhofer, E.Spencer.

political party development—TheEmergence of Socialist Party Parliamentarianism. *Journal of Interamerican Studies and World Affairs*, Vol.17, No.2, 1975, May.

Weyland, Kurt.

Clarifying a contested concept —populism in the study of latin American politics. *Comparative Politics*, Vol.34, No.1, 2001.

Neoliberal Populism in Latin America and Eastern Europe Comparative Politics. *Comparative Politics,* Vol.31, No.4, 1999.

Williamson,Robert C.

Latin American societies in transition. Praeger: estport,Conn,1997.

Wilkins, Mira.

Multinational oil companies in south America in the 1920s:Argentina, Bolivia, Brazil, Chile, Colombia, Ecuadorand Peru. *The Business History Review*, Vol.48, No.3, Multinational Enterprise, Autumn, 1974.

Wirth, Max.

The crisis of 1890. *The Journal of Political Economy*, Vol.1, No.2 ,Mar.1893.

Wright, Winthrop R.

Foreign–Owned Railways in Argentina: A Case Study of Economic Nationalism. *The Business History Review*, Vol.41, No.1, Spring, 1967.

Zimmermann, Eduardo A.

Racial ideas and social reform: 1890–1916. *The Hispanic American Historical Review*, Vol.72, No.1, 1992.

二、中文文献

〔苏〕叶尔莫拉耶夫主编:《阿根廷史纲》(上册),生活·读书·新知三联书店,1972 年。

李春辉：《拉丁美洲国家史稿》（上、下册），商务印书馆，1973 年。

复旦大学历史系拉丁美洲研究室编辑：《庇隆与阿根廷》，上海人民出版社，1974 年。

〔法〕卢梭：《社会契约论》，何兆武译，商务印书馆，1982 年，第 125 页。

〔美〕阿瑟·刘易斯：《增长与波动》，梁小民译，华夏出版社，1987 年，第 283 页。

〔阿根廷〕劳尔·普雷维什著：《外围资本主义—危机与改造》，苏振兴、袁兴昌译，商务印书馆，1990 年。

〔英〕莱斯利·贝瑟尔主编：《剑桥拉丁美洲史》（第 3 卷、4 卷、5 卷），社会科学文献出版社，1994 年、1991 年、1992 年。

〔英〕莱斯利·贝瑟尔主编：《剑桥拉丁美洲史》（第 6 卷、8 卷），当代世界出版社，2000 年、1998 年。

〔英〕维克托·布尔默 - 托马斯：《独立以来拉丁美洲经济发展》，张凡、吴洪英、韩琪译，张森根、郝名玮校，中国经济出版社，2000 年。

〔英〕安格斯·麦迪森：《世界经济千年史》，伍晓鹰、许宽春、施发启译，北京大学出版社，2003 年。

苏振兴：《苏振兴文集》，上海辞书出版社，2005 年。

林红：《民粹主义——概念、理论与实证》，中央编译出版社，2007 年。

林红：《论现代化进程中的拉美民粹主义》，《学术论坛》，2007 年第 1 期。

〔美〕乔纳森·C.布朗：《阿根廷史》，左晓园译，东方出版中心，2010 年。

董国辉：《阿根廷现代化道路研究——早期现代化的历史考察》，世界图书出版社，2013 年。

俞可平：《现代化进程中的民粹主义》，《战略与管理》，1997 年第 1 期。

夏立安：《拉丁美洲的第三条道路——庇隆主义》，《拉丁美洲研究》，2000 年第 4 期。

夏立安：《民众主义、威权主义、职团主义、民族主义——读〈剑桥拉丁美洲史〉第 8 卷》，《拉丁美洲研究》，2000 年第 5 期。

吴 飒：《浅析查韦斯的民众主义思想》，《拉丁美洲研究》，2003 年第 5 期。

董经胜：《拉美民众主义的特点及其演变》，《山东师大学报》（社会科学版），2000 年第 3 期。

董经胜：《拉丁美洲现代化进程中的民众主义》，《世界历史》，2004 年第 4 期。

董经胜：《拉美研究中的民众主义：概念含义的演变》，《史学月刊》，2004 年第 1 期。

潘芳：《阿根廷现代化进程中民众主义兴起的内因》，《拉丁美洲研究》，2006 年第 1 期。

潘芳：《探析阿根廷早期民众主义理论》，《世界历史》，2009 年第 6 期。

潘芳：《阿根廷早期民众主义的文化诠释》，《拉丁美洲研究》，2014 年第 4 期。

袁东振：《拉美民众主义的基本特性及思想文化根源》，《中国拉丁美洲史研究会第 9 届会员代表大会暨"全球史视野下的拉丁美洲文明"学术研讨 论文集》，2016 年。

后 记

花开一季，人过一年，屈指一算，又一个 10 年匆匆而过！

回想起 2007 年 3 月我的博士论文完稿之时的激动与感恩依然难忘。一晃 10 年，今天我的博士论文的修改稿正式完成。本书是我在博士论文的基础经过修改和加工而成。不能说十年磨一剑，但是在这 10 年中，我没有一刻忘记这项工作。这是我对自己的要求更是对培养我、关心我、支持我的所有人的承诺。

与博士论文完成之时相比，此时感恩之心更加浓烈，激动之情略显逊色。

首先要感谢我的博士生导师洪国起先生。在我求学中，先生的严谨、博学、执着和友善深深地感染了我。在这 10 年中，我无时无刻不试图循着先生的这种人生态度和治学理念来完善自己。虽知终究达不到先生的造诣，但是努力之心不会懈怠。在这 10 年中，先生虽年事已高，身体状况也不尽如人意，然而始终如一地倾尽全力给予我最大的帮助。我的学习、工作和生活中处处都感受到先生的关怀和支持。很难想象，如果没有先生的答疑解惑，这 10 年对我来说会是如何的艰难和迷茫。还要感谢师母李老师。我对师母的情感始于求学期间。现在依然清楚地记着在读博期间，学业压力几乎让我这个拉美研究的新手喘不过气。那时思亲之情常常泛滥，让我无法自拔。师母这时走入我的内心。记得每次到先生家谈论学业和论文，师母总像家中的母亲一样嘘寒问暖。那份亲近、那份温暖可以说终生难忘。从那时起，在我心目中，我对师母多了一份女儿对母亲的依恋。在这 10 年中，我自己成家了，也为人母了，但是师母对我和我的家庭关怀有增无减，我对师母的那份依恋也越发深厚。

感谢南开大学拉丁美洲研究中心的韩琦老师、王萍老师和董国辉老师，三位老师对我来说可以称为"良师益友"。无论在我的学习、工作还是生活中，三位老师的引领、指导、合作和倾听对我来说都是无价的财富。感谢你们，感谢你们对我的帮助，感谢你们对我的包容！

感谢苏振兴先生、徐世澄先生、曾昭耀先生、林被甸先生、沈安先生等老先生们。无论是在博士论文完成期间还是在书稿修改过程中，老先生们都给予了最大帮助，经常点醒陷入迷茫的我。谢谢各位先生！

感谢江时学老师、王晓德老师、袁振东老师、夏立安老师、董经胜老师等给予的帮助和支持。

感谢为我付出毕生心血的父亲和母亲。从呱呱落地到不惑之年，父母没有一刻不在牵挂着我。每当遇到困难时，他们总是毫无怨言地支持我、帮助我渡过难关。父母之恩哪是寥寥片语可以表达，唯有心存感恩，点滴回报。

感谢我的家庭，累并快乐着！

潘　芳